AF750115

LE RECOURS EN DECLARATION D'INEXISTENCE DEVANT LES JURIDICTIONS ADMINISTRATIVES GABONAISES

Daniel MENIE BENGONE

LE RECOURS EN DECLARATION D'INEXISTENCE DEVANT LES JURIDICTIONS ADMINISTRATIVES GABONAISES

L'Harmattan Sénégal

© L'HARMATTAN-SÉNÉGAL, 2019
10 VDN, Sicap Amitié 3, Lotissement Cité Police, DAKAR

http://www.harmattansenegal.com
senharmattan@gmail.com
senlibrairie@gmail.com

ISBN : 978-2-343-18653-5
EAN : 9782343186535

Dédicaces

À mon père
Raphaël BENGONO ASSOUMOU
À ma mère
Amélie ABUITANG ANGO
Merci d'être mes enseignants pour la vie

Sigles et abréviations

AJ : L'Actualité juridique
AJDA : L'actualité juridique, droit administratif
Al. : Alinéa
Ass. : Assemblée
CA : Cour Administrative
CAA : Cour Administrative d'Appel
CAA : Cour d'Appel Administrative
C.A.C.S : Chambre administrative de la Cour suprême
CC : Cour Constitutionnelle
CE : Conseil d'État
Concl. : Conclusions
GDJA : Grandes Décisions de la Jurisprudence administrative du Gabon
JCP : Juris-classeur périodique
LGDJ : Librairie Générale de Droit et de Jurisprudence
Rec. : Recueil
PUF : Presses universitaires de France
RFDA : Revue française de Droit administratif
RDP : Revue du Droit public
Sect. : Section
TA : Tribunal administratif
TC : Tribunal des Conflits

INTRODUCTION

Le contentieux administratif désigne, au sens large, le règlement des litiges portant sur l'action administrative. Cependant, tous les litiges impliquant l'administration n'intègrent pas la notion de contentieux administratif. Il en est ainsi lorsque cette dernière se comporte comme une personne privée ou lorsque les actes de ses autorités entrent dans le cadre de la fonction politique.

En général, le contentieux administratif est du ressort du juge administratif. C'est pourquoi Monsieur Rémondo le définit comme « l'ensemble des litiges dont la compétence est réservée à la juridiction administrative[1] ».

En République gabonaise, il existe bien une juridiction administrative autonome. En effet, contrairement à de nombreuses anciennes colonies françaises d'Afrique noire qui ont adopté le système de l'unité de juridiction[2], le Gabon a fait le choix, en 1994, de se doter d'un ordre juridictionnel administratif. Il est constitué, en 2019, de

---

[1] Max Rémondo, *Le droit administratif gabonais*, Paris, LGDJ, 1987, p 189

[2] De nos jours, de nombreux États d'Afrique noire francophone appliquent le monisme juridictionnel notamment le Bénin (loi n° 90-32 du 11 décembre 1990 portant Constitution de la République du Bénin [art. 125, al. 2, Création d'une Cour suprême composée de plusieurs chambres] ; Le Mali : Constitution du 25 février 1992 et loi du 13 mars 1965 relative à l'organisation et au fonctionnement de la Cour suprême ; le Congo : Constitution du 20 janvier 2002 [articles 133 à 143 relatifs à la Cour suprême] ; Loi n ° 17/99 du 15 avril 1999 sur la Cour suprême ; Le Cameroun : Constitution du 18 janvier 1996 [art. 37, al. 2, Cour suprême]

neuf tribunaux administratifs, d'une Cour d'appel administrative[3] et d'un Conseil d'État.

Mais contrairement à la France où la Cour des comptes intègre l'ordre administratif en tant que juridiction administrative spécialisée, le Gabon a créé un ordre financier autonome[4]. La Cour des comptes en est la seule juridiction effective pour l'heure.

En dehors du Conseil d'État, de la Cour d'appel administrative et du Tribunal administratif qui sont des juridictions administratives générales, le Gabon dispose de juridictions administratives spécialisées notamment en matière disciplinaire. Il en est ainsi du Conseil supérieur de la magistrature statuant en qualité de Conseil de discipline[5]. On trouve aussi ces conseils dans les secteurs de l'éducation, de la communication et de la santé[6].

En dépit du mutisme des textes sur la question de savoir si ces instances sont des juridictions administratives, un

---

[3] La loi n° 7/94 du 16 septembre 1994 portant organisation de la justice prévoit l'existence de neuf Cours d'appel administratives, à savoir une au chef-lieu de chaque province. Mais pour l'heure, seule celle de Libreville fonctionne effectivement.

[4] L'article 76 de la Constitution gabonaise du 26 mars 1991 confie à la Cour des comptes la charge du contrôle des finances publiques. Même si l'expression « plus haute juridiction de l'ordre financier » n'est pas employée par le Constituant, on peut conclure que ses décisions sont insusceptibles de tout recours. Ce qui de fait, l'exclut de l'ordre juridictionnel administratif.

[5] La loi n° 12/94 du 16 septembre 1994 portant statut des magistrats en son article 56 habilite le Conseil supérieur de la magistrature, statuant en matière disciplinaire, à prononcer des sanctions disciplinaires contre les magistrats.

[6] « Sans préjudice du statut général des fonctionnaires, tout manquement par un fonctionnaire de la santé aux convenances de son état, à l'honneur ou aux obligations inhérent à sa profession constitue une faute disciplinaire sanctionnée par un avertissement, un blâme, une suspension ou une révocation. » Loi n° 10/2001 portant statut particulier des fonctionnaires de la santé, article 18

faisceau d'indices permet de leur attribuer cette qualité[7]. D'une part, leur fonctionnement est similaire à celui des juridictions administratives générales : une procédure menée par un rapporteur chargé de l'instruction, le caractère contradictoire de cette dernière, l'assistance d'un conseil de son choix par le fonctionnaire mis en cause[8] et respect des autres garanties disciplinaires consacrées depuis longtemps par la jurisprudence gabonaise[9].

D'autre part, et c'est là à notre sens le critère décisif de la nature administrative de ces juridictions, il y a lieu de souligner le « cordon ombilical[10] » qui les lie à la juridiction suprême de l'ordre administratif. C'est ce qui ressort de l'article 53, alinéa 2, de la loi organique n° 5/2002 du 27 novembre 2002 fixant l'organisation, la compétence et le fonctionnement du Conseil d'État aux termes duquel : « l'Assemblée du contentieux (du Conseil d'État) (...) connait des pourvois en cassation ainsi que des recours dirigés contre les décisions des organismes collégiaux ou ordres professionnels à compétence nationale. »

On le voit, dans sa structure, la justice administrative gabonaise est assez proche de la justice administrative française.

---

[7]Ernest Tsatsabi, *La justice administrative gabonaise*, Saint Denis, Connaissances et savoirs, p 47

[8] Loi n° 1/2005 du 04 février 2005 portant Statut général de la fonction publique, article 89

[9] « La proposition de sanction du Conseil de discipline et la sanction de l'organe de décision doivent expressément mentionner l'obligation violée, les faits et les circonstances dans lesquels ils ont été commis ainsi que les voies de recours, s'il y a lieu. » Loi n° 1/2005 du 04 février 2005 portant Statut général de la fonction publique, article 90. Le législateur explicite ainsi le contenu des garanties consacrées par la jurisprudence gabonaise. Voir TA Gabon, 23 mai 1962 *N'DONGO*, Rép. n° 6 ; GDJA, 1994, p56

[10]Ernest Tsatsabi, *op cit.* p 50

Pourtant, au-delà de cette proximité structurelle, le contentieux administratif gabonais ne cesse de gagner en originalité. S'il conserve la théorie des quatre recours[11] exposée par Laferrière dans son *Traité de la juridiction administrative*, elle accorde désormais une place de choix au recours en déclaration d'inexistence, considéré en France comme un recours résiduel.

À ce propos, Prosper Weil écrit : « La notion d'inexistence a fait l'objet, depuis Laferrière, de nombreuses études et controverses doctrinales. Mais elle apparait rarement dans la jurisprudence, et il est difficile de tirer du droit positif une théorie générale[12]. »

Ce constat n'est pas identiquement transposable en droit gabonais. En effet, la doctrine gabonaise ne semble accorder que peu d'intérêt au recours en déclaration d'inexistence, préférant s'intéresser au recours pour excès de pouvoir. Ce peu d'intérêt contraste avec l'importance que les justiciables et avocats accordent à ce recours, le

---

[11]Laferrière distingue quatre types de contentieux en fonction des pouvoirs confiés au juge :1) Le contentieux de pleine juridiction : le juge administratif dispose y *de pouvoirs étendus*. Il peut non seulement prononcer l'annulation d'un acte administratif, mais aussi condamner la personne morale en cause à des réparations pécuniaires. Ce contentieux recouvre les actions en responsabilité contre l'État, le contentieux des contrats administratifs, le contentieux fiscal, le contentieux électoral… ; 2) Le contentieux de l'annulation : le juge se prononce sur la légalité de l'acte administratif et l'annule s'il est illégal. Le recours pour excès de pouvoir est le principal recours en annulation ; 3) Le contentieux de l'interprétation et de l'appréciation de la légalité : le juge se prononce sur le sens d'un acte administratif ou sur sa légalité. Ce recours est souvent exercé par voie de question préjudicielle sur renvoi de la juridiction judiciaire ; 4) Le contentieux de la répression : le juge a le pouvoir d'infliger une peine. Ce contentieux comprend les contraventions de grande voirie réprimant les atteintes au domaine public.

[12] M. Long, P. Weil et aii, *Les grands arrêts de la jurisprudence administrative*, 16e édition, Paris, Dalloz, 2007. P 519

juge, lié par leurs conclusions, ne pouvant qu'en prendre acte.

Au-delà du constat de sa récurrence devant le juge administratif gabonais, le recours en déclaration d'inexistence, du point de vue de sa nature juridique, soulève la controverse. S'agit-il d'un recours autonome ? Ou n'est-ce qu'un aménagement du recours pour excès de pouvoir ?

Pour René Chapus[13], il s'agit d'un recours autonome. Selon lui, il se distingue du recours pour excès de pouvoir par son objet et par la nature des actes déférés au juge. Le recours pour excès de pouvoir tendrait à obtenir du juge *une annulation* pour cause d'illégalité tandis que le recours en déclaration d'inexistence aurait pour objet *la déclaration d'une inexistence juridique* et non une annulation, car le juge ne saurait annuler ce qui n'existe pas.

Du point de vue des actes susceptibles d'être déférés au juge, le recours pour excès de pouvoir s'exercerait contre les seules décisions administratives alors que le recours en déclaration d'inexistence pourrait être dirigé non seulement contre ces décisions, mais aussi — même si la situation est rarissime — contre les contrats.

Cette argumentation ne convainc pas l'ensemble de la doctrine. « Il est vrai — écrit Paul CASSIA — que le juge administratif peut valablement être saisi d'une requête "en déclaration d'inexistence", par laquelle il est demandé à ce juge, indépendamment de la computation des délais de recours, de déclarer la nullité d'un acte présentant des irrégularités particulièrement graves.

Mais — poursuit-il — la présentation formelle de la requête par le demandeur ne permet pas à elle seule de qualifier la demande. Il semble plutôt, même si cette

---

[13] René Chapus, *Droit du contentieux administratif*, 13e édition, Paris, Montchrestien, 2008, n° 235 et 237

différence est purement théorique, que le recours en déclaration d'inexistence n'existe qu'en tant qu'il participe du recours pour excès de pouvoir. Autrement dit, le premier ne constitue pas une voie de droit spécifique, mais un simple aménagement du second : il s'agit d'un recours pour excès de pouvoir par lequel le requérant invoque un moyen tiré de l'inexistence de l'acte attaqué ou à plus forte raison conclut à la nullité de cet acte, ou même d'un recours pour excès de pouvoir par lequel le juge soulève et constate d'office l'inexistence de l'acte attaqué[14]. »

Dans la pratique, la position du juge administratif gabonais oscille entre ces deux points de vue. En effet, s'il proclame volontiers que le recours en déclaration d'inexistence est « un recours spécifique », il ne manque pas de lui reconnaître la même fonction que le recours pour excès de pouvoir, refusant d'exercer un recours en déclaration d'inexistence contre un contrat.

De façon récurrente, le juge administratif gabonais affirme que « le recours en déclaration d'inexistence est un recours spécifique, bien que rare ». Mais si l'on en croit le nombre de requêtes à cette fin présentées devant ce même juge, il ne serait pas excessif d'admettre que ce recours connait un succès considérable. Devant le tribunal administratif de Libreville, qui a été pendant une vingtaine d'années le seul effectif depuis l'entrée en vigueur de la loi n° 7/94 du 16 septembre 1994 portant organisation de la justice, il est le recours majeur[15].

---

[14] Jean Claude Bonichot, Paul Cassia, Bernard Poujade, *Les grands arrêts du contentieux administratif*, 4e édition, Paris, Dalloz, 2014, p 774

[15] Pour l'année judiciaire 2013-2014, le greffe du tribunal administratif de Libreville a enregistré 39 requêtes à savoir : 8 requêtes en paiement de sommes, 22 requêtes en inexistence juridique et 9 en excès de pouvoir. Pour l'année judiciaire 2014-2015, le tribunal administratif de Libreville a également enregistré 39 requêtes réparties comme suit : 9

	Recours en paiement de sommes	**Recours en déclaration d'inexistence**	**Recours pour excès de pouvoir**	**Total requêtes**
2013-2014	8(20,5 %)	22(56,4 %)	9(23,1%)	39
2014-2015	9 (23,1 %)	21 (53,8 %)	9 (23,1%)	39
2016-2017	6 (22,2 %)	12 (44,4 %)	9 (33,3%)	27
2017-2018	6 (13 %)	27 (58,7 %)	13 (28,3%)	46

Source : Greffe du tribunal administratif de Libreville

Les chiffres sont éloquents[16]. Il y a alors lieu de s'interroger sur les raisons du triomphe du recours en déclaration d'inexistence devant les juridictions administratives gabonaises. S'agit-il d'une voie de recours vraiment voulue par les requérants ou n'est-ce qu'une tentative désespérée de contourner le rigorisme des conditions de recevabilité du recours pour excès de pouvoir classique ? Valablement saisi d'un tel recours, comment le juge administratif gabonais en apprécie-t-il le bien-fondé ?

requêtes en paiement de sommes, 21 requêtes en inexistence juridiques et 9 requêtes en excès de pouvoir. Pour l'année judiciaire 2016-2017, le tribunal administratif de Libreville a enregistré 27 requêtes à savoir : 6 requêtes en paiement de sommes, 12 requêtes en inexistence juridique et 9 requêtes en annulation. Enfin, pour l'année judiciaire 2017-2018 le tribunal a enregistré 46 requêtes réparties ainsi qu'il suit : 6 requêtes en paiement de sommes, 13 requêtes en excès de pouvoir et 27 requêtes en déclaration d'inexistence juridique

[16] Toutefois il faut signaler que devant le Conseil d'État gabonais, le recours en paiement de sommes, qui intègre la famille du plein contentieux est le recours dominant.

À la vérité, la récurrence du recours en déclaration d'inexistence tient à la souplesse de ses conditions de recevabilité (Première partie) combinée à une certaine audace du juge dans l'examen de son bien-fondé (Seconde partie 2).

PREMIÈRE PARTIE

LA RECEVABILITÉ DU RECOURS : DES CONDITIONS ALLÉGÉES

Toute requête doit, avant d'être examinée au fond par le juge, passer le filtre de la recevabilité. Même si le Code des juridictions administratives[17] ne le précise pas, les règles relatives à la recevabilité d'un recours sont d'ordre public[18]. Ce qui emporte, entre autres conséquences, la possibilité pour les parties d'invoquer en tout état de la procédure l'irrecevabilité du recours ou encore l'obligation pour le juge, s'il y a lieu, de la relever d'office.

La recevabilité d'un recours en déclaration d'inexistence juridique n'échappe pas à ces règles. Elle est examinée à l'aune des conditions communes à tout recours juridictionnel (Chapitre 1). Toutefois, en raison de sa spécificité, le juge administratif l'a dispensé de certaines conditions (Chapitre 2).

---

[17] Loi n° 17/84 du 29 décembre 1984 portant code des juridictions administratives

[18] René Chapus, *Droit du contentieux administratif*, 13e édition, Paris, Montchrestien, 2008, p46

CHAPITRE 1

LES CONDITIONS REQUISES

La spécificité du recours en déclaration d'inexistence juridique n'est pas totale. Il partage certaines conditions de recevabilité avec d'autres types de recours, notamment le recours pour excès de pouvoir.

Le juge administratif, saisi d'une requête aux fins de déclaration d'inexistence juridique, s'assure que cette dernière respecte certaines règles de forme (Section 1). Puis il s'intéresse à la personne du requérant (Section 2). Enfin, il vérifie la nature de l'acte attaqué(Section 3) étant donné que, comme le recours pour excès de pouvoir classique, le recours en déclaration d'inexistence est un procès fait à une décision administrative.

SECTION 1 : LA PRÉSENTATION DE LA REQUÊTE

La présentation formelle de la requête devant une juridiction administrative gabonaise obéit aux conditions énoncées par l'article 50 du Code des juridictions administratives. Cette disposition tient compte de diverses exigences. D'abord elle tend à permettre à la juridiction d'identifier la personne du requérant. C'est pourquoi elle doit contenir des indications sur ses nom et prénom, sa profession, son domicile ou sa résidence.

La requête doit être signée par le requérant, son mandataire ou son avocat. Lorsqu'elle est signée et déposée par un avocat régulièrement inscrit à un barreau, la signature de celui-ci vaut constitution et élection de domicile en son étude[19].

Ensuite, l'article 50 veut fixer le cadre de l'instance. Pour cela, le requérant doit indiquer l'autorité administrative en cause. Dans le cadre d'un recours en déclaration d'inexistence, il s'agit le plus souvent de l'autorité signataire de l'acte attaqué.

Le requérant indique aussi l'objet de la demande, les moyens qui la soutiennent ainsi que l'énonciation des pièces dont il entend se servir.

Toujours selon l'article 50, la requête doit être accompagnée de la décision attaquée ou de la pièce justifiant du dépôt du recours administratif préalable. Le particularisme du recours en déclaration d'inexistence s'exprime ici : ce recours étant dispensé du recours administratif préalable (voir infra), le requérant n'a pas à produire la pièce justifiant de son dépôt.

Les dispositions de l'article 50 du Code des juridictions administratives sont rédigées sous une forme impérative, l'irrecevabilité étant la sanction du non-respect des exigences fixées par le législateur : « sous peine d'irrecevabilité, la requête introductive d'instance doit contenir toutes les indications sur… »

Dans la pratique, le juge administratif fait preuve de souplesse dans l'application de cette disposition. Aussi, invite-t-il fréquemment le requérant à régulariser sa requête avant d'en prononcer, s'il y a lieu, l'irrecevabilité.

L'article 50 du Code des juridictions administratives est cependant muet sur la langue de la rédaction du recours. Doit-il absolument être rédigé en langue française ? Pourrait-on imaginer un recours rédigé dans une langue nationale ou étrangère ?

---

[19] Code des juridictions administratives, article 50 dernier alinéa

La Constitution gabonaise apporte une réponse à cette question : « La République gabonaise adopte le français comme langue officielle de travail[20]... » En conséquence, une requête rédigée en fang, punu, nzébi, obamba ou dans une autre langue serait irrecevable.

En France, même si l'ordonnance de Villers-Cotterêts de 1539 a imposé l'utilisation de la langue française, un requérant, Monsieur Quillevère, avait saisi le Conseil d'État d'une requête manifestement rédigée en breton. Le juge du Palais Royal avait alors estimé « que la requête de M. Quillevère n'est pas rédigée en langue française ; qu'elle n'est donc pas recevable[21]... »

La présentation formelle de la requête vérifiée, le juge s'intéresse à la personne du requérant.

SECTION 2 : LA PERSONNE DU REQUÉRANT

Le requérant est — selon René Chapus —la personne pour le compte de laquelle le recours est formé, par elle-même ou par une autre personne[22] (avocat, mandataire, représentant légal, judiciaire ou statutaire).

Saisi d'une requête, le juge doit s'interroger sur l'intérêt à agir du requérant. Mais au préalable, il doit s'assurer que ce dernier dispose bien du droit d'agir ou que la personne physique qui l'a saisi pour le compte d'une personne morale y est bien habilitée.

§ 1 : LA CAPACITÉ POUR AGIR

La capacité pour agir est l'aptitude légale d'une personne physique ou morale à saisir une juridiction ou à être mise en cause devant elle. De façon simple, on peut dire que la capacité pour agir est le droit d'agir en justice.

---

[20] Constitution gabonaise du 26 mars 1991, article 2, alinéa 8

[21] CE, sect., 22 novembre 1985, *Quillevère*

[22] René Chapus, *Droit du contentieux administratif*, 13ᵉ édition, Paris, Montchrestien, 2008 p439

Les règles de procédure civile relatives à la capacité juridique s'appliquent en matière administrative[23]. Ainsi, est applicable en matière de recours en déclaration d'inexistence, sur renvoi de l'article 36 du Code des juridictions administratives, l'article 4 du Code de procédure civile aux termes duquel : « Est irrecevable toute prétention émise par ou contre une personne dépourvue du droit d'agir. »

La capacité juridique est appréciée différemment selon que le requérant est une personne physique ou morale.

Si le requérant est une personne physique, sa requête n'est recevable que s'il est majeur. Ce qui implique qu'une action en justice devant une juridiction administrative ne peut être introduite par un mineur. Aux termes de l'article 492 du Code civil gabonais : « Le mineur est l'individu de l'un ou l'autre sexe qui n'a point encore l'âge de 21 ans accomplis[24]. »Toutefois, les mineurs émancipés disposent du droit d'agir par eux-mêmes[25].

---

[23] Aux termes de l'article 36 du Code des juridictions administratives : « les règles de procédure civile sont applicables en matière administrative lorsqu'elles ne sont pas écartées par une disposition législative formelle ou lorsqu'elles ne sont pas incompatibles avec l'organisation même de la juridiction administrative. »

[24] Loi n° 15-72 du 29 juillet 1972 portant adoption de la première partie du Code civil, article 492. L'article 607 du même Code permet au mineur qui a dépassé 16 ans d'introduire une action en réparation des dommages subis par lui à la suite délits commis contre sa personne ou ses biens par un tiers, en se faisant assister d'un avocat. Il faut enfin signaler que la majorité énoncée par l'article 492 est une majorité civile, applicable en droit administratif. Dans les matières électorale et pénale, la minorité est de dix-huit ans.

[25] Est applicable l'article 615, alinéa premier du Code civil gabonais aux termes duquel : « Le mineur émancipé est capable, comme le majeur, dans tous les actes de la vie civile. »

Les personnes placées sous tutelle[26] ou sur curatelle[27] ne peuvent agir par elles-mêmes. Seuls leurs tuteurs et curateurs le peuvent pour leur compte.

Pour les personnes morales, la capacité est subordonnée à la possession de la personnalité juridique. On fait une distinction entre les personnes de droit privé et les personnes morales de droit public.

La capacité juridique des premières est conditionnée par l'accomplissement des formalités prévues par les textes (enregistrement de la société, dépôt des statuts de l'association…).

La capacité juridique des personnes morales de droit public est inhérente à leur existence même[28] (État, collectivités locales, établissements publics). Toutefois, les organes de l'État non dotés de la personnalité morale n'ont pas la capacité d'agir en justice[29].

§ 2 : LA REPRÉSENTATION

En vertu de l'article 38 du Code des juridictions administratives : « En matière administrative, les parties peuvent se défendre soit par elles-mêmes, soit par le

---

[26] Il s'agit, d'une part, des enfants légitimes, naturels et non émancipés dont le père et la mère sont tous deux décédés ; d'autre part, de l'enfant naturel qui n'a été reconnu par aucun de ses père et mère ou celui dont la tutelle a été ouverte sur décision du juge des tutelles.

[27] « Tout prodigue ou tout individu dont l'état mental ne justifie pas une interdiction, mais qui est atteint d'une déficience physique ou mentale la mettant dans l'incapacité d'exercer ses droits d'une manière normale peut être pourvu d'un curateur, à sa demande ou à la demande de son conjoint, d'un de ses parents, de tout intéressé ou du ministère public… » Code civil gabonais, article 615

[28] Jean Fougerousse, *Le Contentieux administratif en schémas*, Paris, Ellipses, 2010, p110

[29] C.E. 10 janvier 1986, *Chambre régionale des comptes d'île de France, Lebon* 6 ; RFDA 1986, concl. M. Roux ; AJDA 1986. 187, note J. Moreau

ministère d'avocat, soit par un mandataire justifiant d'un pouvoir régulier. »

Cette disposition pose les principes généraux de la représentation devant les juridictions administratives gabonaises.

Il en ressort d'abord, qu'aussi bien en contentieux de pleine juridiction que dans le contentieux de l'excès de pouvoir, le ministère d'avocat n'est pas obligatoire devant les juridictions administratives gabonaises. Le recours en déclaration d'inexistence n'y fait pas exception.

Il en découle ensuite que les personnes qui agissent en justice pour le compte d'autrui doivent disposer d'un mandat. Le juge gabonais exige régulièrement des mandataires des personnes morales de droit privé (présidents des sociétés, syndicats, et associations) la production des statuts les habilitant à ester en justice. Il est rare qu'il réclame la décision habilitant le Président de la société, du syndicat ou de l'association à introduire un recours[30]..

S'agissant de l'État gabonais, sa représentation est assurée par les ministres[31] intéressés, ou pour les services déconcentrés, par les gouverneurs[32].

---

[30] Sur les revirements jurisprudentiels du Conseil d'État français sur cette question voir : Martine Lombard, Gilles Dumont, *Droit administratif*, 7e édition, Paris, Dalloz, 2007

[31] Loi n° 17/84 du 29 décembre 1984 portant Code des juridictions administratives, article 39 : « Les recours formés par un ministère doivent être signés par le ministre intéressé ou par un fonctionnaire ayant reçu délégation à cet effet ; il en est de même des mémoires en défense, sauf en cas de constitution d'avocat. »

[32] Loi n° 17/84 du 29 décembre 1984 portant Code des juridictions administratives, article 40 : « les recours pour excès de pouvoir introduits par les gouverneurs, les préfets et les sous-préfets dans l'exercice de leur pouvoir de tutelle contre les décisions prises par les collectivités locales doivent être signées par les gouverneurs, qui présenteront les observations et mémoires. »

Même si les dispositions des articles 39 et 40 de la loi 17/84 du 29 décembre 1984 portant Code des juridictions administratives permettent à ces autorités d'introduire des recours contre des actes d'autres autorités administratives, dans la pratique, elles n'usent jamais de ce pouvoir.

Si le requérant dispose de la capacité et de la qualité d'agir en justice, le juge contrôlera alors son intérêt.

§ 3 : L'INTÉRÊT POUR AGIR

On ne saisit pas une juridiction par fantaisie ou par zèle. L'action populaire étant étrangère au droit du contentieux administratif gabonais, tout justiciable qui entend saisir le juge administratif d'un recours contre une décision doit démontrer qu'il est affecté dans ses droits ou intérêts par l'acte dont il conteste la légalité. Il doit montrer son intérêt à agir.

Selon Henri Capitant, l'intérêt à agir désigne « l'avantage poursuivi devant le juge en vue de faire reconnaître le bien-fondé d'une prétention[33]. » Le requérant qui ne démontre pas que l'acte qu'il attaque l'affecte à un titre quelconque expose son recours à l'irrecevabilité. Cette dernière peut être soulevée d'office par le juge.

L'intérêt doit être légitime[34], direct et personnel[35].

Un requérant justifie d'un intérêt légitime lorsque son recours tend à la sauvegarde d'une situation régulière. C'est une condition que le juge français considère avec fermeté[36].

[33] Henri Capitant, *Vocabulaire juridique*, cité par Michel Laligant, « L*a notion d'intérêt à agir devant le juge administratif* », R.D.P. 1971 PP 43 à 82, p 48

[34] Il s'agit là d'une exigence posée par l'article 3 du Code de procédure civile gabonais aux termes duquel : « *L'action est ouverte à tous ceux qui ont un intérêt légitime au succès ou au rejet d'une prétention...* »

[35] Max Rémondo, *le droit administratif gabonais*, op. cit. p 238

Cependant, le juge administratif gabonais fait preuve de plus doigté, du moins dans certaines matières.

Le contentieux des actes administratifs attribuant à des particuliers des dépendances du domaine privé de l'État est illustratif de cet état de la jurisprudence. En effet, par principe, un occupant sans titre du domaine privé de l'État n'a pas d'intérêt légitime pour contester l'attribution d'une parcelle à un autre administré. Toutefois, il a été jugé que des requérants ayant acquis à titre onéreux, de bonne foi, les parcelles auprès des tiers et réalisé des investissements sur ces parcelles *justifient d'un intérêt suffisamment caractérisé* pour solliciter l'annulation d'un acte administratif[37].

Si l'intérêt pour agir des personnes physiques nait de la lésion qu'ils subissent dans leurs droits et intérêts, pour les personnes morales, en revanche, c'est l'adéquation entre leur objet social et leur demande qui fonde leur intérêt à agir. S'il y a inadéquation entre la requête et l'objet social de la personne morale, la requête encourt l'irrecevabilité.

Dans le contentieux de l'excès de pouvoir comme dans le recours en déclaration d'inexistence juridique, l'intérêt s'apprécie par rapport aux conclusions invoquées par le requérant et non par rapport aux moyens. Ce qui permettra au requérant, si sa requête est recevable au regard de son objet, de se prévaloir de tous les moyens de légalité externe et interne à même d'emporter l'inexistence juridique de l'acte attaqué.

Par principe, l'intérêt à agir s'apprécie à la date de l'introduction de la requête et non à celle de la signature de

---

[36] Jean-Claude Bonichot, Paul Cassia, Bernard Poujade, *Les grands arrêts du contentieux administratif*, 4e édition, Paris, Dalloz, 2014, P 638

[37] TA, Libreville, 19 janvier 2011, *Dame Ntsame Meto'o Larisssa et Sieur Nzzet Serge Bruno c/État Gabonais et la Société SOCOFI*, Répertoire n° 8, Voir Sylvestre Kwahou, *Le contentieux administratif gabonais en 13 leçons*, Paris, Publibook, 2016, P148

la décision querellée ou celle où le juge statue. Commet une erreur de droit le juge qui apprécie la qualité ou l'intérêt pour agir à la date de la décision attaquée[38]. Des exceptions jurisprudentielles[39] et législatives[40] sont toutefois apportées à ce principe.

La qualité pour agir, dans le contentieux de la contestation des administratifs, désigne la catégorie juridique à laquelle le requérant prétend appartenir. Il faut que le requérant « justifie d'une qualité déterminée le plaçant dans une situation particulière en raison de l'intervention de l'acte : la qualité de contribuable pour les actes générateurs de dépenses, la qualité d'habitant pour les actes régissant un secteur géographique, la qualité de fonctionnaire pour les actes du statut…[41] »

Le contentieux administratif gabonais n'a pas développé une jurisprudence diversifiée sur les notions d'intérêt et de qualité pour agir. Cela s'explique, d'une part, par la réticence des administrés gabonais à contester les actes qui ne les concernent pas directement ; d'autre part, par le

---

[38] CE, sect. 11 février 2005, *Marcel, Lebon* 57, concl. L Olléon ; AJDA 2005. 656, chron. C Landais et F. Lenica

[39] Le juge peut apprécier l'intérêt à agir après l'introduction du recours si les circonstances postérieures se révèlent favorables à l'admission de la recevabilité du recours. Voir CE, ass, 1er avril 1938, Sté « Alcool dénaturé de Coubert et Legrandi », Lebon 338 ; RD publ. 1939. 478, concl. R. Latournerie

[40] En droit de l'urbanisme (français), l'intérêt à agir contre un permis de construire s'apprécie à la date de l'affichage en Mairie de la demande d'autorisation (C. urb., art. L. 600-1-3 ; D. Gillig, Réforme du contentieux de l'urbanisme. Regards critiques sur l'ordonnance n° 2013-638 du 18 juillet 2003, *JCP Adm.* 2013. 2279 ; J. Tremeau, « La régulation de l'accès au prétoire : la redéfinition de l'intérêt pour agir ». *AJDA* 2013. 1901).

[41] Conclusions Marceau Long sur CE, sect., 14 février 1958, *Sieur ABISSET*

champ de compétence pendant longtemps réduit aux seuls actes individuels et collectifs des autorités administratives[42].

Toutefois, aux termes de l'article 3 de l'ordonnance n° 00026/2018 du 11 aout 2018 fixant l'organisation, la composition, la compétence et le fonctionnement des juridictions de l'ordre administratif : « les juridictions de l'ordre administratif sont compétentes (...) en matière de (contrôle) de la légalité des actes réglementaires[43]. » Autrement dit, les administrés gabonais peuvent désormais exercer un recours pour excès de pouvoir contre les actes réglementaires devant les juridictions administratives. Nous espérons que cette modification de l'état du droit permettra au juge administratif gabonais de développer une jurisprudence riche et diversifiée concernant la notion d'intérêt agir.

---

[42] « Considérant qu'aux termes de l'article 84 (premier tiret) de la Constitution, la Cour constitutionnelle statue obligatoirement sur la constitutionnalité des lois organiques, des lois ordinaires avant leur promulgation et des actes réglementaires censés porter atteinte aux droits fondamentaux de la personne humaine et aux libertés publiques ; qu'il en résulte que le contrôle de la régularité juridique des actes réglementaires relève de la compétence de cette haute instance ; qui suit de là qu'en énonçant que la Cour administrative connait, en matière contentieuse, en premier et dernier ressort, des recours pour excès de pouvoir formés contre les décisions à caractère réglementaire et les actes administratifs unilatéraux réglementaires, l'article 35 (premier et deuxième tirets) du texte déféré à la Cour est contraire à la Constitution (...) » ; voir *Décision n° 16/CC du 15 novembre 1994 relative à la Loi organique fixant l'organisation, la compétence, la compétence et le fonctionnement de la Cour administrative.* Hebdo informations n° 301 — 17 septembre 1994

[43] Cette évolution législative a été rendue possible par la révision de l'article 84 nouveau de la constitution gabonaise tel qu'il résulte de la loi n° 001/2018 du 12 janvier 2018 portant révision de la Constitution gabonaise.

SECTION 3 : LA NATURE DE L'ACTE ATTAQUE

Le recours en déclaration d'inexistence, comme le recours pour excès de pouvoir, ne peut s'exercer que contre un acte administratif unilatéral, c'est-à-dire une manifestation de la seule volonté d'une autorité administrative dont l'effet est de modifier l'ordonnancement juridique ou de le maintenir en l'état. Ce qui exclut les recours dirigés contre les contrats administratifs, réserve faite des actes qui en sont détachables[44]. Les juridictions administratives gabonaises se déclareront incompétentes si l'acte émane d'une autorité étrangère[45].

L'acte administratif attaqué par la voie du recours en déclaration d'inexistence peut être individuel ou réglementaire, même si, pendant une longue période le contrôle de leur validité a relevé de la Cour constitutionnelle[46].

---

[44] CE 04 aout 1905, *Martin*; TA, Libreville, 25 avril 2007, *Société Garantie Voyage Gabon c/Mairie de Libreville*

[45] C. A.C.S, 27 novembre 1964, *Faah* : la Chambre administrative de la Cour suprême se déclarait incompétente pour statuer sur un recours dirigé contre une décision du ministre des anciens Combattants de la République française.

[46] La Constitution gabonaise du 26 mars 1991, en son article 84, alinéa 1, premier tiret disposait initialement que : « La Cour constitutionnelle statue obligatoirement sur la constitutionnalité (…) des actes réglementaires censés porter atteinte aux droits fondamentaux de la personne humaine et aux libertés publiques. » En application de cette disposition, la Cour constitutionnelle décidait que les dispositions de la loi organique n° 10/94 du 17 septembre 1994 portant organisation, compétence et fonctionnement de la Cour administrative étaient contraires à la Constitution et que, par conséquent, le contrôle de la régularité juridique des actes réglementaires relevait de sa compétence (CC, Décision n° 006/94/CC du 15 septembre 1994, loi organique fixant la composition, la compétence et le fonctionnement de la Cour administrative). Dans la même lignée, elle a décidé que les délibérations des collectivités locales revêtant un caractère réglementaire devaient

La jurisprudence administrative gabonaise relative au recours pour excès de pouvoir est parfaitement applicable au recours en déclaration d'inexistence, du moins en ce qui concerne la nature de l'acte attaqué.

L'acte déféré au juge administratif doit faire grief au requérant. Or, pour Jean Marie Auby et Roland Drago « pour qu'un acte soit considéré comme de nature à faire grief, il faut qu'il entraîne des conséquences juridiques auxquelles seules peut s'attacher le grief (...). L'acte sans conséquences juridiques, celui qui ne modifie pas l'ordonnancement juridique, n'entre pas dans la catégorie des actes faisant grief quels que soient les effets dommageables qu'il puisse comporter. Ce principe permet de déclarer insusceptibles de recours un certain nombre d'actes administratifs qui n'entraînent pas d'effets juridiques[47]. »

La dénomination donnée par l'autorité administrative est ici sans incidence sur sa nature. Ce qui importe c'est qu'il ait des conséquences juridiques pour le requérant. Ainsi, en dépit de sa dénomination qui laisse penser à une mesure d'ordre intérieur, le juge gabonais considère qu'une note de service suspendant un agent des forces de police nationales de ses fonctions est regardée comme un acte faisant grief[48].

être soumises à son contrôle (CC, Décision n° 009/96/CC du 03 mai 1996, loi organique n° 15/96 relative à la décentralisation). Faisant sienne l'argumentation de la Cour constitutionnelle, la Cour administrative s'est déclarée incompétente pour connaitre des recours pour excès de pouvoir dirigés contre les actes réglementaires (CA, 23 juin 2000, *Comptoir Gabonais du Pneumatique [COGAPNEU]*, Répertoire n° 36.)

[47] Jean Marie AUBY et Roland DRAGO, *Traité du contentieux administratif*, Paris, L.G.D.J., 1984, 3e éd, T. II, 718 pages, p. 61

[48] C.A.C.S 27 juillet 1979, *Zollobame*, Rép. n° 123. Voir Guillaume Pambou Tchivounda, *Les grandes décisions de la jurisprudence administrative du Gabon*, Paris, Éditions A. Pedone, 1994, p 279

En revanche, ne font pas grief à un requérant les mesures d'ordre intérieur et les actes de gouvernement.

Les mesures d'ordre intérieur régissent la vie interne de l'Administration. Elles ne créent ni droits ni obligations pour les administrés. Plusieurs actes entrent dans cette catégorie. Il en est par exemple selon les cas des circulaires, directives, avis ou actes préparatoires. Dans le contentieux domanial, par exemple, le juge administratif gabonais a considéré que le plan de bornage « en tant qu'il n'apporte que des indications sur la parcelle devant être attribuée, est un acte préparatoire qui ne saurait, par suite, en lui-même, produire des effets de droit...[49] »

Concernant les actes de gouvernement, eux aussi échappent au contrôle du juge administratif saisi d'une requête à fin de déclaration d'inexistence juridique. Pour l'essentiel, ce sont des actes relatifs soit aux rapports entre l'exécutif et les pouvoirs législatif et judiciaire, soit les actes relatifs à la conduite des relations internationales du Gabon[50]. Le juge du tribunal administratif de Libreville dans l'affaire *Ntsame Meto'o Larissa et Sieur Nzet Serge*

---

[49] Tribunal administratif, Libreville, 2 décembre 2009, *Nguimbi Aworetc/État gabonais et Sieur Okemvele Nkogho*

[50] Pour des informations complémentaires sur la notion d'acte de gouvernement en droit gabonais, voir TA, Libreville, 7 février 1962, *Indjendjet Gondjout* ; C. A.C.S, 30 juin 1987, *Saïd Yasser*, *in* Guillaume Pambou Tchivounda, *Les grandes décisions de la jurisprudence administrative du Gabon*, Paris, Éditions A Pedone, 1994. Voir également Décision n° 91/CC du 29 juillet 2003 : est considéré comme acte de gouvernement le décret du président de la République soumettant au Parlement réuni en congrès une proposition de loi constitutionnelle, cf. *Hebdo Informationsn° 475*, 13-27 septembre 2003, p170 ; Décision n° 71/CC du 4 avril 1997 : est retenu comme acte de gouvernement le décret du président de la République nommant un Premier ministre et portant constitution du Gouvernement. cf. *Hebdo informations n° 355*, 12 avril 1997, P 41

Bruno c/État gabonais[51], a rappelé que de simples décisions individuelles créatrices de droit n'entraient pas dans la catégorie des actes de gouvernement. Un recours en déclaration d'inexistence dirigé à leur encontre est donc recevable.

Si toutes ces conditions de recevabilité sont observées, le juge déclarera la requête recevable sans qu'il soit besoin d'examiner les délais du recours et la formulation ou non par le requérant d'un recours administratif préalable.

---

[51] TA, Libreville, 19 janvier 2011, *Dame Ntsame Meto'o Larissa et Sieur Nzet Serge Bruno/État gabonais et la Société SOCOFI*, Répertoire n° 8 : La Dame Ntsame Meto'o Larissa et le Sieur Nzet Serge Bruno sollicitaient l'annulation de décrets attribuant à la société SOCOFI deux parcelles du domaine privé de l'État. La Société SOCOFI concluait à l'irrecevabilité de ce recours estimant que les actes attaqués étaient des actes de gouvernement. Le tribunal a statué ainsi qu'il suit : « Considérant que la société défenderesse a conclu à l'irrecevabilité des recours en tirant argument de la nature politique des décisions attaquées, lesquelles seraient des actes de gouvernement soustraits à tout recours contentieux ;

Que, toutefois, il est constant que lesdites décisions constituent des actes individuels pris par le président de la République en vue de l'attribution à une personne morale, en l'occurrence la société défenderesse, de parcelles du domaine privé de l'État ;

Qu'ainsi, il résulte de l'objet même des actes querellés que ces derniers ne rentrent pas dans la catégorie des actes de gouvernement, laquelle ne concerne, selon une jurisprudence constante, que les actes pris par les pouvoirs exécutifs dans ses rapports avec le Parlement et les actes dudit pouvoir touchant aux relations internationales ;

Que ce moyen doit être écarté ». Voir Sylvestre Kwahou, *Le contentieux administratif gabonais en 13 leçons*, op. cit. P 148

CHAPITRE 2

LA DISPENSE DE CERTAINES CONDITIONS

En droit gabonais, la recevabilité d'un recours pour excès de pouvoir est subordonnée, d'une part, à l'exercice d'un recours administratif préalable obligatoire, d'autre part, au respect des délais contentieux. Le justiciable doit veiller au respect de ces conditions au risque de voir sa requête déclarée irrecevable. En effet, écrit Sylvestre KWAHOU : « le juge gabonais est d'une rigueur implacable en ce qui concerne non seulement l'accomplissement des formalités préalables auprès des autorités administratives compétentes, mais aussi le respect des délais de saisine[52]. »

Ces exigences liées à la recevabilité du recours pour excès de pouvoir ne s'appliquent pas au recours en déclaration d'inexistence juridique. En effet, le juge administratif gabonais rappelle de façon constante que « le recours en déclaration d'inexistence juridique est un recours spécifique bien que rare (…) il n'est soumis ni au recours administratif préalable, ni aux conditions de délais[53] (…) ».

La dispense de ces conditions de recevabilité dans le recours en déclaration d'inexistence explique l'intérêt sans

---

[52] Sylvestre Kwahou, *Le contentieux administratif gabonais en 13 leçons*, op. cit. p97

[53] CE, 25 mai 2001, *Société Nationale Immobilière c/État gabonais*, Rép. n° 25 ; CE, 25 avril 2001, *Boukila Mouélé Maurice c/État gabonais (ministère de la Défense nationale)*, Rép. n° 22

cesse croissant des justiciables gabonais à son égard et le déclin corrélatif du recours pour excès de pouvoir.

En effet, la pratique montre que justiciable gabonais est non seulement mal informé, mais encore impatient et peu procédurier. Le caractère facultatif du ministère d'avocat devant toutes les juridictions administratives gabonaises n'est pas de nature à favoriser l'imprégnation de ces règles du contentieux administratif par les populations.

Mais à tort ou à raison, la dispense des conditions de délai (Section 2) et de recours administratif préalable (Section 1) en cas de recours en déclaration d'inexistence juridique est perçue par les justiciables comme une voie de contournement du formalisme excessif du recours pour excès de pouvoir.

SECTION 1 : LA DISPENSE DE RECOURS ADMINISTRATIF PRÉALABLE

Tout administré qui entend obtenir du juge l'annulation d'un acte administratif doit préalablement former un recours administratif auprès de l'autorité signataire de l'acte (recours gracieux) ou de l'autorité administrative immédiatement supérieure (recours hiérarchique) dans un délai de trois mois à compter de la notification ou de la publication de cette décision[54]. Le défaut d'exercice du recours administratif préalable entraîne l'irrecevabilité de la requête[55].

[54]Loi n° 17/84 du 29 décembre 1984 portant Code des juridictions administratives, article 42 : « En matière d'excès de pouvoir, toute requête n'est recevable que si elle a été précédée d'un recours administratif gracieux adressé à l'autorité qui a pris la décision attaquée, ou d'un recours administratif hiérarchique devant l'autorité immédiatement supérieure, dans un délai de trois mois à compter de la notification ou de la publication de cette décision. »

[55] Loi n° 17/84 du 29 décembre 1984 portant Code des juridictions administratives, article 46 : « Le recours en annulation contre les décisions administratives n'est pas recevable lorsque le requérant

Cette obligation de recours administratif préalable posée par les articles 42 et 46 du Code des juridictions administratives de 1984 tranche avec le système institué par la loi gabonaise du 22 juin 1959[56] sur le contentieux administratif. Sous l'empire de cette loi, l'administré pouvait directement attaquer un acte administratif unilatéral devant le juge. Il n'était pas exclu que l'administration soit saisie d'un recours administratif. Mais ce dernier n'avait qu'un caractère facultatif.

Ce système qui consacrait le caractère facultatif du recours administratif préalable est encore appliqué en France[57]. Toutefois, le législateur gabonais a choisi d'imposer l'exercice d'un recours administratif comme préalable obligatoire à toute saisine du juge de l'annulation des actes administratifs. Il en résulte — comme le craignait le Doyen REMONDO —une désaffection des justiciables à l'égard du contentieux de l'excès de pouvoir classique : « La loi du 29 décembre 1984 a modifié les données sur cette question. En matière d'excès de pouvoir, l'acte administratif ne lie plus le contentieux. Désormais, d'après l'article 42, le recours pour excès de pouvoir doit être précédé d'un recours administratif, gracieux ou hiérarchique.

Cette disposition a pour effet de prolonger la procédure. A-t-on voulu, par ce recours administratif obligatoire contraindre les parties à une tentative de conciliation ? Ce

---

dispose encore, pour faire valoir ses droits, du recours administratif (préalable) ».

[56]Loi du 22 juin 1959 relative au contentieux administratif, article 6 : « Sauf en matière de travaux publics, le tribunal administratif ne peut être saisi que par voie de recours formé contre une décision, et ce, dans les trois mois à partir de la notification ou de la publication de la décision attaquée ». Cette disposition avait reproduit l'article 1er alinéa 1 de la loi française du 17 juin 1956

[57] René Chapus, *Droit du contentieux administratif*, 13e édition, Paris, Montchrestien, 2008, P400

résultat n'est pas certain d'être atteint. L'administration étant toute puissante, la protection de l'administré commence par la possibilité qui lui est laissée de saisir immédiatement le juge. Aussi est-il à craindre que l'exigence d'un recours administratif préalable en matière d'excès de pouvoir ne renforce le sentiment d'impuissance de l'administré.

À moins que dans un pays où prédominent déjà l'esprit partisan et affinités de toutes sortes, l'on ne consolide davantage que par le passé, le règne des solutions extra juridiques. Pour l'une ou l'autre raison, le danger dorénavant couru par le contentieux de l'annulation est d'autant plus grand qu'il a été jusqu'ici numériquement modeste.[58] »

Pour tenter de pallier à ce déclin continu du recours pour excès de pouvoir, le juge administratif gabonais a pris acte de la volonté des justiciables de se tourner vers le recours en déclaration d'inexistence juridique exonéré de l'exigence de recours administratif préalable.

Cette attitude du juge répond, d'une part, au besoin de mieux protéger la légalité administrative. D'autre part, elle lui permet de combler un vide juridique : les dispositions du Code des juridictions administratives du Gabon ne traitant pas expressément du recours en déclaration d'inexistence, il a fait œuvre prétorienne en le dispensant de la règle du recours administratif préalable. C'est en cela qu'il rappelle de façon constante que « le recours en déclaration d'inexistence juridique est un recours spécifique (…) il n'est (pas) soumis au recours administratif préalable[59]. »

---

[58] Max Rémondo, *Le droit administratif gabonais*, Paris, LGDJ, 1987, p 221

[59] CE, 25 mai 2001, *Société Nationale Immobilière c/État gabonais*, Rép. n° 25 ; CE, 25 avril 2001, *Boukila Mouélé Maurice c/État gabonais (ministère de la Défense nationale)*, Répertoire n° 22

Cette position du juge gabonais est compréhensible au regard de la lettre de l'article 42 du Code des juridictions administratives. Mais la solution contraire, à savoir la soumission du recours en déclaration d'inexistence à un recours administratif préalable aurait aussi bien pu se concevoir si on considérait ce recours comme un simple aménagement du recours pour excès de pouvoir.

Il est heureux que cette solution n'ait pas été retenue. Elle aurait posé encore plus d'obstacles aux administrés dans le processus de contestation de la légalité des actes administratifs.

SECTION 2 : LA DISPENSE DE LA CONDITION DE DÉLAI

Dans le cadre d'un recours pour excès de pouvoir, l'administré dispose d'un délai de trois mois à compter de la publication ou de la notification de cette décision pour former un recours administratif préalable. Lorsque l'administration rend une décision explicite de rejet, le justiciable dispose d'un nouveau délai de trois mois pour saisir le juge[60]. Par contre, si l'administration reste silencieuse pendant quatre mois, il se forme alors une décision implicite de rejet. Dans ce cas l'administré dispose d'un délai supplémentaire de trois mois pour saisir la juridiction administrative compétente[61].

---

[60] Code des juridictions administratives du Gabon, article 42

[61] Code des juridictions administratives du Gabon, article 43 : « Le silence gardé plus de quatre mois au recours administratif préalable par l'autorité compétente prévue à l'article précédent vaut rejet implicite.

Dans ce cas, la partie lésée dispose, pour attaquer cette décision, d'un délai de trois mois à compter du jour de l'expiration du délai de quatre mois susmentionné.

Lorsque, par contre, une décision explicite de rejet intervient dans ce délai de trois mois, elle fait à nouveau courir le délai de recours.

Si l'autorité administrative à laquelle le recours hiérarchique est adressé est un corps délibérant, le délai de quatre mois ci-dessus

En matière d'excès de pouvoir, le juge administratif ne saurait passer outre ces dispositions qui sont d'ordre public[62].

Il en va autrement en cas de recours en déclaration d'inexistence juridique. En effet, ce recours est, « de façon naturelle et invariable »[63], soustrait au respect de la condition de délai. L'administré qui forme un tel recours est recevable à toute époque.

Le juge administratif gabonais, par une application stricte de la loi, met à l'écart les dispositions des articles 42 et suivants du Code des juridictions administratives en cas de recours en déclaration d'inexistence.

Cette position se justifie à plus d'un titre. D'abord, le Code des juridictions administratives n'étend pas expressément ces délais de saisine au recours en déclaration d'inexistence.

Ensuite, et c'est l'argument décisif, la mise à l'écart de la condition de délai est justifiée par l'exceptionnelle gravité des vices qui affectent l'acte administratif. On considère qu'un tel acte ne saurait bénéficier de la prescription accordée aux actes simplement illégaux. Le juge fait ainsi prévaloir l'objectif de respect de la légalité par l'administration sur celui de la sécurité juridique[64].

En observant sa pratique, le juge administratif gabonais écarte les délais contentieux de deux manières. D'abord, lorsque le requérant intitule lui-même sa requête « *recours*

---

mentionné est prolongé, le cas échéant, jusqu'à la fin de la session légale qui suit le dépôt du recours. »

[62] C.A.C.S. 8 mai 1987, *Youin Bankoua c/État gabonais*, Rép. n° 14 : « Considérant qu'on ne peut passer outre ces dispositions impératives (recours administratif préalable et délai de saisine qui sont d'ordre public ; »

[63] René CHAPUS, *Droit du contentieux administratif*, op cit. P 624

[64] Jean-Claude Bonichot, Paul Cassia, Bernard Poujade, *Les grands arrêts du contentieux administratif*, op. cit. p777

en déclaration d'inexistence », le juge en prend simplement acte et n'examine plus les conditions de délai et de recours administratif préalable.

En revanche, lorsqu'il est saisi d'un recours pour excès de pouvoir, il peut requalifier celui-ci en recours en déclaration d'inexistence, après avoir soulevé d'office un moyen susceptible d'emporter l'inexistence juridique de l'acte attaqué.

Ainsi en a-t-il été à l'occasion de l'affaire *Personnel Navigant Commercial (PNC) c/État gabonais*[65]. Par une décision du 27 décembre 1996, le ministre du travail avait autorisé le licenciement du Personnel Navigant commercial de la défunte compagnie aérienne Air-Gabon alors que l'inspecteur du travail, autorité compétente en la matière et régulièrement saisie, n'avait pas encore rendu sa décision.

Les agents de cette compagnie aérienne saisirent la Cour administrative aux fins d'annulation de cette décision. L'État gabonais, en défense, conclut à l'irrecevabilité de cette requête, pour absence d'exercice de recours administratif préalable et forclusion.

Statuant directement sur le fond de cette affaire, la Cour releva d'abord que la décision querellée avait été prise par une autorité manifestement incompétente, c'est-à-dire le ministre du travail en lieu et place de l'inspecteur du travail.

Elle estima que cette décision devait être regardée comme juridiquement inexistante et, après seulement, elle disqualifia le recours pour excès de pouvoir introduit par les requérants en recours en déclaration d'inexistence[66].

---

[65] CA, 22 janvier 1999, *Personnel Navigant Commercial (P.N.C Air-Gabon) c/État gabonais (ministère du Travail)*, Répertoire n° 3

[66] CA, 22 janvier 1999, *Personnel Navigant Commercial (P.N.C Air-Gabon) c/État gabonais (ministère du Travail)*, Répertoire n° 3 : « Considérant, sans qu'il soit besoin d'analyser les moyens soulevés par les parties, qu'il résulte de l'examen des pièces du dossier que

Cependant, la faculté de requalification du recours pour excès de pouvoir en recours en déclaration d'inexistence doit être utilisée avec prudence. La jurisprudence de la Cour d'appel administrative de Libreville subordonne la requalification d'un recours pour excès de pouvoir en recours en déclaration d'inexistence à deux conditions. D'une part, il faudrait que le juge soulève d'office un moyen d'ordre public. D'autre part, il faudrait que le défendeur n'ait pas expressément soulevé l'irrecevabilité du recours pour excès de pouvoir pour non-respect des conditions de délai et de recours administratif préalable.

Les faits à l'origine de cette position de la Cour d'appel doivent être rappelés.

Un jugement du tribunal administratif de Libreville du 30 mai 2012 avait annulé un décret portant attribution à titre provisoire à Monsieur Roumengas d'une parcelle du domaine privé de l'État. Pour admettre la recevabilité de la requête de Monsieur Moundounga Boulingui Dosithéle Tribunal avait disqualifié d'office son recours pour excès de pouvoir en recours en déclaration d'inexistence juridique, se fondant entre autres, sur la jurisprudence *Personnels Navigants et Commerciaux* ci-dessus mentionnée. Après avoir procédé à une disqualification, la requête de Monsieur Moundounga fut déclarée recevable quand bien même elle n'observait pas les prescriptions des articles 42 et suivants du Code des juridictions administratives.

---

l'autorisation de licenciement querellée, qui a été délivrée par une autorité manifestement incompétente alors même que l'inspecteur du travail qualifié, régulièrement saisi n'avait pas encore vidé sa saisine, doit être regardée comme un acte juridiquement inexistant en raison des vices graves dont il est entaché ;

Qu'il suit de là que le recours intenté doit être disqualifié en recours en déclaration d'inexistence et l'acte attaqué déclaré nul et non avenu. »

Ce jugement du Tribunal fut contesté par Monsieur ROUMENGAS Éric devant la Cour d'appel administrative de Libreville. L'appelant reprochait aux premiers juges d'avoir déclaré recevable le recours de Monsieur Moundounga, sur la base d'une jurisprudence dite constante du Conseil d'État gabonais, après disqualification, alors qu'ils avaient admis son irrecevabilité en excès de pouvoir.

La Cour d'appel administrative considéra, d'une part, que la jurisprudence *Personnels Navigant et Commerciaux*, à laquelle le commissaire à la loi avait fait allusion dans ses conclusions et que les magistrats du Siège avaient suivi, n'était pas applicable en la cause étant donné que le Tribunal, statuant sur le fond du litige, n'avait pas soulevé un moyen d'ordre public.

D'autre part, elle estimait que les premiers juges ne pouvaient légalement procéder à cette disqualification, dans la mesure où le défendeur avait expressément conclu à l'irrecevabilité du recours adverse pour non-respect des formalités de recours administratif préalable et délais contentieux[67].

---

[67] CAA, Libreville, 13 mars 2014, *Roumengas Eric c/Moundounga Boulingui Dosithé*, Répertoire n° 6 : « Considérant que (...) la Cour (dans l'affaire Personnels Navigant Commercial d'Air Gabon) avait procédé à la disqualification du recours pour excès après avoir soulevé d'office un moyen d'ordre public, à savoir l'incompétence de l'auteur de l'acte administratif dont l'annulation était demandée et que, contrairement aux données du présent litige, c'est sur cette base qu'elle a considéré que ledit acte était juridiquement inexistant et fait usage de la technique de la disqualification pour le déclarer nul et non avenu ;

Que dans le second cas (*Alain Mba Ondo c/État gabonais [ministère de la Défense nationale*] la disqualification opérée est intervenue alors que la partie défenderesse n'avait pas expressément, comme en l'espèce, soulevé l'irrecevabilité du recours pour excès de pouvoir en cause sur le fondement des dispositions des articles 42 et suivant du Code des juridictions administratives ;

Qu'il suit de là et de ce qui précède que c'est à tort que le tribunal administratif de Libreville a cru bon d'appliquer à la présente

À bien analyser la motivation de la Cour d'appel sur cette affaire, on peut supposer que si la première condition est nécessaire et suffisante pour une disqualification, la seconde condition n'a pas la même importance.

Pourrait-on voir un juge administratif refuser de procéder à une disqualification d'un recours dirigé contre un acte administratif pris par une autorité manifestement incompétente au seul motif que le défendeur a formulé une fin de non-recevoir tirée du non-respect de recours administratif préalable et des délais contentieux ?

Une telle solution se révèlerait favorable à la survie des actes administratifs gravement viciés. Elle laisserait le destin de ces actes, non plus entre les mains du juge, mais du défendeur qui pourrait soulever l'irrecevabilité du recours pour excès de pouvoir afin de faire obstacle à toute éventuelle disqualification.

Finalement, c'est la gravité des irrégularités affectant l'acte administratif qui conduit le juge à procéder à une disqualification et, ainsi, contourner les délais du recours contentieux. En l'absence de telles irrégularités, la Cour d'appel administrative de Libreville a considéré qu'un tribunal qui disqualifie un recours pour excès de pouvoir en recours en déclaration d'inexistence statue *ultra petita*[68].

---

affaire, la technique de la disqualification à laquelle la haute juridiction administrative a eu recours dans ses arrêts ci-dessus cités ;

Que, dès lors, étant entaché d'une disqualification irrégulière d'un recours pour excès de pouvoir en recours en déclaration d'inexistence juridique, le jugement du tribunal administratif [de Libreville] du 30 mai 2012 doit être annulé en ce qu'il a déclaré recevable, sur la base de cette disqualification, le recours en annulation du Sieur Moundounga Boulingui Dosithé ; »

[68] CAA, Libreville, 22 avril 2010, *Dame Yolande Assélé Ebinda c/Eugénie Onanga Tchégué*, Répertoire n° 5 : « Considérant que Dame Assélé Ebinda se plaint de ce que le tribunal administratif s'est placé unilatéralement sur le terrain du recours pour excès de pouvoir en

Mais si la disqualification s'opère de façon régulière ou encore si la requête intitulée « *recours en déclaration d'inexistence* » est déclarée recevable, le juge pourra alors analyser le bien-fondé du recours.

---

déclaration d'inexistence juridique alors qu'il a été saisi en excès de pouvoir ;

Considérant en effet que le recours en déclaration d'inexistence juridique est un recours spécifique dont l'usage est justifié par les irrégularités ayant concouru à l'élaboration de l'acte administratif incriminé ; que tel n'est pas le cas du décret de Dame Assélé Ebinda qui a été édicté conformément à la réglementation en vigueur ;

Qu'en se plaçant sur le terrain de l'inexistence juridique, alors qu'il a été initialement saisi en excès de pouvoir, le tribunal administratif a examiné *ultra petita* la question de la qualification du recours en annulation initialement introduit par Dame Onanga ;

En conséquence, et sans qu'il soit nécessaire d'examiner les autres moyens soulevés par les parties, il y a lieu d'infirmer sur ce point le jugement entrepris et soumettre à nouveau à la Cour l'examen de la requête introductive d'instance ; ». Voir Sylvestre Kwahou, *Le contentieux administratif gabonais en 13 leçons*, op. cit. P 108

CONCLUSION PARTIELLE

Saisi d'une requête aux fins de déclaration d'inexistence juridique d'un acte administratif, le juge administratif gabonais en apprécie la recevabilité. Il s'intéresse d'abord à la conformité de la requête aux prescriptions de l'article 50 du Code des juridictions administratives. Cette étape lui permet de fixer le cadre de l'instance et, ensuite, d'identifier la personne du requérant. Il vérifie enfin la nature de l'acte attaqué. Ce dernier doit faire grief au requérant. Si ces conditions de forme sont réunies, il examinera les moyens de la requête au fond, et ce, sans qu'il soit besoin d'analyser les dispositions des articles 42 et suivants du Code des juridictions administratives relatives, d'une part, à l'exercice d'un recours administratif préalable, d'autre part, au respect des délais contentieux.

SECONDE PARTIE

LE BIEN-FONDÉ DU RECOURS : LA SÉVÉRITÉ DU JUGE FACE AUX ACTES INEXISTANTS

L'examen au fond d'une requête aux fins de déclaration d'inexistence juridique d'un acte administratif ou d'un recours pour excès de pouvoir requalifié en recours en déclaration d'inexistence conduit le juge administratif à déclarer l'acte « nul et de nul effet », ou encore « nul et non avenu », expressions qui signifient qu'il est inexistant.

Dans l'affaire *Zacharie MYBOTO (Union Nationale) c/État gabonais (ministère de l'Intérieur)*[69] le Conseil d'État avait refusé que certains moyens conduisent à la déclaration d'inexistence juridique d'un acte administratif, alors qu'ils auraient pu prospérer dans un recours pour excès de pouvoir classique. Ce qui montre que conceptuellement, il établit une frontière nette entre ces deux recours. Toutefois, la jurisprudence antérieure et postérieure de cette juridiction, comme celle du tribunal administratif de Libreville montre qu'au fil du temps les cas d'ouverture de ce recours se sont élargis (Chapitre 1). Ce qui témoigne de sa fermeté à l'égard des actes administratifs qu'il entend priver de tout effet (Chapitre 2).

---

[69] CE, 28 juillet 2011, *Zacharie MYBOTO (Union Nationale) c/État gabonais (ministère de l'Intérieur)*, Répertoire n° 58

CHAPITRE 1

L'EXTENSION DES CAS D'OUVERTURE

Le champ d'application de la déclaration d'inexistence juridique est à la fois plus large et plus restreint que celui de l'excès de pouvoir. Plus large il l'est, car un acte administratif peut être inexistant non seulement en raison de son illégalité, mais encore pour des considérations de pur fait. Ce qui le différencie du recours en annulation dont le seul but est de sanctionner les actes illégaux. Plus restreint il l'est aussi, car, en principe, seules les illégalités les plus graves peuvent entraîner une déclaration d'inexistence. Or dans le recours en annulation, même une illégalité bénigne sonne le glas de l'acte administratif.

L'inexistence juridique d'une décision peut découler non seulement de la violation d'une règle de droit (Section 2), mais aussi de certaines considérations étrangères à légalité de l'acte administratif (Section 1).

SECTION 1 : L'INEXISTENCE JURIDIQUE EN DEHORS DES QUESTIONS DE LÉGALITÉ

L'inexistence juridique peut être matérielle (§ 1)ou alors être la conséquence de l'exécution d'une décision gravement irrégulière (§2).

§ 1 : L'INEXISTENCE MATÉRIELLE

Un acte peut en effet être déclaré juridiquement inexistant du seul fait qu'il n'a jamais été pris. C'est le cas d'un acte dont on ne retrouve aucune trace dans les archives de l'administration[70]. Ici, ce n'est pas l'illégalité en elle-même qui conduit au constat de l'inexistence juridique, mais c'est l'absence de matérialité de l'acte : il n'a en réalité jamais été pris. On parle dans ce cas d'inexistence matérielle.

§ 2 : L'EXÉCUTION GRAVEMENT IRRÉGULIÈRE D'UNE DÉCISION

Le juge du Tribunal des conflits français a assimilé l'inexistence juridique à la voie de fait[71], c'est-à-dire l'atteinte au droit de propriété ou à une liberté fondamentale manifestement insusceptible de se rattacher à un pouvoir de l'administration[72]. Après avoir dans un premier temps rejeté cette assimilation[73], le Conseil d'État français a rallié cette position[74]. Mais il ne faut pas en déduire que la voie de fait et l'inexistence se recouvrent totalement, car même si un acte entaché d'une voie de fait peut être, pour ce motif, inexistant, il n'en reste pas moins que dans bien des cas la voie de fait est constituée, non par une décision, mais par l'exécution matérielle de cette dernière dans des conditions irrégulières.

Le juge administratif gabonais a déjà eu à déclarer juridiquement inexistant un acte, non seulement en raison de ses vices propres, mais aussi eu égard aux conditions irrégulières de son exécution. L'affaire *Alain Mba Ondo contre l'État gabonais*[75]en est l'illustration.

---

[70] CE Sect. 26 janv. 1951, *Galy*, Rec. 46 ; S. 1951.3.52, concl. Odent.

[71] TC 8 avril 1935, *Action française*

[72] TC 27 juin 1966, *Guigon*, Rec. 830.

[73] CE Sect. 31 janv. 1958, *Société des établissements Lassale — Astis*, Rec. 63 ; AJ 1958. II. 90, chr. Fournier et Braibant

[74] CE 13juill. 1966, *Guigon*, Rec. 476 D.1966.669, note F. — G. Bertrand

[75] Conseil d'État gabonais, 21 juin 2002 *Alain Mba Ondoc/État gabonais (ministère de la Défense nationale),* Répertoire n° 15 : « Considérant, s'agissant de l'appréciation de cette requête, que le

Monsieur Mba Ondo Alain, Lieutenant major de police, avait été suspendu de ses fonctions et de son traitement par décision du 2 décembre 1987 du Commandant en chef des forces de police nationale. Il saisit le Conseil d'État gabonais aux fins d'annulation de cette décision le 27 juin 2000.

Dans un arrêt rendu le 21 juin 2002, le Conseil d'État considéra que la suspension infligée au Lieutenant Mba Ondo par le Commandant en chef des forces de police nationale avait été prise en l'absence de consultation préalable et obligatoire du Conseil d'enquête, en violation de l'article 37 du Statut général des militaires. Il ajoutait que « l'administration a violé de façon flagrante et inadmissible les dispositions légales impératives et les principes fondamentaux de droit qui garantissent les droits essentiels des personnels relevant de la loi n° 9/85 du 29 janvier 1986 ; qu'un tel acte aussi gravement vicié dans la forme et le fond doit être déclaré juridiquement inexistant. »

Conseil d'État observe d'emblée que la décision incriminée est une sanction statutaire infligée à un officier de carrière en l'absence de la consultation préalable et obligatoire du conseil d'enquête, contrairement à ce qui est édicté à ce sujet par l'article 37 du statut général des militaires ; que cette sanction, aux termes de l'article 89 du même statut, ne peut excéder trois (3) mois alors qu'en l'espèce elle a largement dépassé cette durée maximale ; qu'enfin, au regard de sa durée et de ses effets, la sanction en cause a été en fait transformée en la sanction extrême de la révocation, dénaturant ainsi la cause et l'objet de la procédure initiée ;

Considérant que par cet acte, l'administration a violé de façon flagrante et inadmissible les dispositions légales impératives et les principes fondamentaux de droit qui garantissent les droits essentiels des personnels relevant de la loi n° 9/85 du 29 janvier 1986 susvisée ; qu'un tel acte aussi gravement vicié dans la forme et le fond doit être déclaré juridiquement inexistant ;

Considérant que par l'effet de cette déclaration, le requérant à défaut d'être automatiquement rétabli dans ses droits, a au moins droit à la reconstitution de sa carrière ; »

Au regard de cette motivation, le Conseil d'État met certes l'accent sur la violation flagrante de la procédure disciplinaire. Mais il a aussi tenu à neutraliser les effets de l'exécution irrégulière de la décision de suspension. En effet, il a préalablement pris le soin de relever qu'en vertu de l'article 89 du Statut des militaires la suspension « ne peut excéder trois (3) mois alors qu'en l'espèce elle a largement dépassé cette durée maximale… » Il en concluait « (qu') au regard de sa durée et de ses effets, la sanction en cause a été en fait transformée en la sanction extrême de la révocation, dénaturant ainsi la cause et l'objet de la procédure initiée… »

De ce qui précède, on en déduit que certes la décision de suspension attaquée était déjà en elle-même viciée, mais ses conditions d'exécution à savoir son application au-delà du délai légal (15 ans au lieu de 3 mois) a été une justification essentielle de la déclaration d'inexistence juridique de cette décision.

Aurait-on pu voir le Conseil d'État, en l'absence d'atteinte à la procédure disciplinaire ci-dessus décrite, ne pas sanctionner l'exécution gravement irrégulière de la décision du Commandant en chef des forces de polices nationales ? Une réponse négative semble s'imposer au regard de la nocivité des effets juridiques qu'il a entendu neutraliser.

En somme, il arrive que l'inexistence juridique découle quelquefois de causes étrangères à la légalité de la décision administrative. Mais dans la pratique les cas les plus récurrents d'inexistence résultent d'atteintes à la légalité.

SECTION 2 : L'INEXISTENCE JURIDIQUE COMME SANCTION D'UNE ILLÉGALITÉ

Il est difficile d'établir une typologie des moyens de légalité susceptibles d'emporter l'inexistence d'un acte administratif. Il semble que la gravité de l'illégalité soit le critère déterminant en la matière. Et d'éminents auteurs rappellent que :« l'acte inexistant est toujours frappé d'une illégalité particulièrement grave et flagrante[76]. » Néanmoins ils reconnaissent « (qu') il n'est pas possible, dans l'état actuel de la jurisprudence, d'en donner une définition moins vague, qui énoncerait les conditions nécessaires et suffisantes applicables à toutes les hypothèses[77]. »

Néanmoins, le Conseil d'État gabonais a tenté de définir l'acte inexistant[78]. On peut toutefois se demander s'il s'agit d'une définition générale ou, s'il ne s'agit en réalité, que d'une des causes de la déclaration d'inexistence juridique. Cette dernière opinion semble être la plus cohérente au regard de la jurisprudence antérieure et postérieure de cette juridiction. De cette jurisprudence il ressort que les illégalités susceptibles d'être des causes de déclaration d'inexistence juridique sont aussi bien externes qu'internes, pourvu qu'elles soient particulièrement graves et flagrantes.

§ 1 : L'ILLÉGALITÉ EXTERNE DE L'ACTE

Traditionnellement, la déclaration d'inexistence est intimement liée à la notion d'incompétence. Mais le juge administratif gabonais a tenu à sanctionner sévèrement les graves illégalités touchant à la forme et à la procédure d'édiction de certains actes.

---

[76] Marceau LONG, Prosper WEIL, et alii, *Les grands arrêts de la jurisprudence administrative*, 16e édition, op. cit, P 520.

[77] Marceau Long, Prosper Weil, et alii, *Les grands arrêts de la jurisprudence administrative*, 16e édition, op cit.

[78] CE, 28 juillet 2011, *Zacharie Myboto (Union Nationale) contre État gabonais (ministère de l'Intérieur)*, Répertoire n° 58/2010-2011 : « Considérant à cet égard, que l'acte inexistant se présente comme l'acte pris par une personne absolument étrangère à la hiérarchie des agents administratifs, soit par une autorité administrative, mais en violation flagrante et manifeste des principes juridiques les plus élémentaires des pouvoirs juridictionnels ou législatifs et réglementaires relativement à la compétence et au champ d'application de la loi et des pouvoirs conférés… »

A. L'INCOMPÉTENCE DE L'AUTEUR DE L'ACTE

L'incompétence est l'inaptitude d'une autorité administrative à prendre certaines décisions. Elle est l'une des causes les plus récurrentes de la déclaration d'inexistence juridique. Dans l'arrêt retentissant *Rosan Girard*[79], le Conseil d'État français avait sanctionné l'atteinte grave portée par l'autorité administrative aux attributions du juge de l'élection.

Cependant, cette juridiction ne sanctionne pas d'inexistence juridique tous les vices d'incompétence. À la lumière de sa jurisprudence, un vice d'incompétence est cause d'inexistence juridique dans deux circonstances. Dans le premier cas, l'autorité administrative empiète sur les attributions d'une autorité désignée par le suffrage universel[80], du pouvoir législatif[81] ou d'une juridiction[82]. Dans le second cas, il s'agit d'un acte pris par une autorité administrative dépourvue du pouvoir de décision[83].

S'inspirant sans doute de la jurisprudence française, le Conseil d'État gabonais, à l'occasion de l'affaire *Zacharie Myboto (Union Nationale) c/État gabonais*[84], a tenté de

---

[79] CE Ass. 31 mai 1957, *Rosan GIRARD*, Rec. 355, concl. Gazier

[80] CE 28 février 1986, *Commissaire de la République des Landes,* sont nulles et non avenues des prétendues délibérations d'un Conseil municipal émanant en réalité du seul maire

[81] TA de Clermont-Ferrand, 24 avril 1990, *Préfet de la Région Auvergne c. Commune du Cendre,* Inexistence d'une délibération d'un Conseil municipal interdisant les expulsions locatives et les saisies immobilières, « *en raison de la gravité des illégalités dont elle est attachée, résultant de l'atteinte portée... tant aux attributions du législateur qu'à la force exécutoire des décisions de justice* ».

[82] CE Ass. 31 mai 1957, *Rosan GIRARD*

[83] CE 8 déc. 1982, *Cne de Dompierre-sur-Bresbe, Lebon* 707, à propos d'une décision prise par le chef d'un corps de sapeurs-pompiers notifiant à un sapeur-pompier communal la décision des membres du corps de l'exclure du groupe

[84] CE, 28 juillet 2011, *Zacharie MYBOTO (Union Nationale) contre État gabonais (ministère de l'Intérieur)*, Répertoire n° 58/2010-2011.

donner une définition globale de la notion d'inexistence juridique. Il considère, à cet égard, que « l'acte inexistant se présente comme un acte pris par une personne absolument étrangère à la hiérarchie des agents administratifs, soit par une autorité administrative, mais exerçant en violation flagrante et manifeste des principes juridiques les plus élémentaires des pouvoirs juridictionnels ou législatifs et réglementaires relativement à la compétence et au champ d'application de la loi et des pouvoirs conférés[85]. »

Si cette définition reprend les différents cas d'inexistence juridiques relevés par le juge administratif français, elle y ajoute les actes des personnes absolument étrangères à la hiérarchie des agents administratifs. On peut toutefois raisonnablement penser que si l'inexistence de tels actes n'est pas contestable, elle ne s'opposerait pas à ce qu'il soit application de la théorie du fonctionnaire de fait lorsque les circonstances l'exigent.

En droit français, certains ont estimé que « la notion d'acte inexistant (...) ne peut s'appliquer qu'à des actes entachés d'une illégalité flagrante caractérisée par une usurpation de pouvoir[86] ». Cette conception restrictive de la notion d'acte inexistant, qui semble se rapprocher de celle du Conseil d'État gabonais dans l'affaire Union nationale, n'est pas celle qui prédomine devant le prétoire gabonais.

Pour rappel, suite à la prestation de serment de Monsieur André Mba Obame qui se considérait comme le vainqueur de l'élection présidentielle de 2009 et formation d'un gouvernement par celui-ci, le ministre de l'Intérieur de la République gabonaise avait prononcé la dissolution du parti Union nationale dont il était le secrétaire exécutif pour « non-respect des principes démocratiques, atteinte à la forme républicaine de l'État, atteinte à la souveraineté nationale et trouble à l'ordre public. »

[85] Idem

[86] Concl. A Bacquet sur CE, sect., 4 juillet 1980, *Zemma*, Lebon 300

En effet, des décisions simplement entachées d'incompétence ont été regardées comme « nulles et non avenues » par la Cour administrative[87] (devenue Conseil d'État) et par le tribunal administratif de Libreville[88]. De plus, des actes simplement entachés de vices de procédure ou de forme ont été déclarés nuls et non avenus.

---

[87] CA, 22 janvier 1999, *Personnel Navigant Commercial (P.N.C Air-Gabon) c/État gabonais (ministère du Travail)*, Répertoire n° 3 : « Considérant, sans qu'il soit besoin d'analyser les moyens soulevés par les parties, qu'il résulte de l'examen des pièces du dossier que l'autorisation de licenciement querellée, qui a été délivrée par une autorité manifestement incompétente alors même que l'inspecteur du travail qualifié, régulièrement saisi n'avait pas encore vidé sa saisine, doit être regardée comme un acte juridiquement inexistant en raison des vices graves dont il est entaché ;

Qu'il suit de là que le recours intenté doit être disqualifié en recours en déclaration d'inexistence et l'acte attaqué déclaré nul et non avenue. »

[88] TA, Libreville, 19 juin 2013, *Tchivounda Jean Pierre c/État gabonais (DGI) et Sieur Mebiame Léon*, Répertoire n° 622 012/2013 : « Considérant que Sieur Tchivounda Jean-Pierre fait essentiellement grief à l'acte attaqué d'avoir été pris par une autorité manifestement incompétente ; qu'il soutient qu'il n'appartenait pas au président de la République de signer le décret attaqué dès lors qu'à l'établissement dudit décret, le terrain concédé au Sieur Léon Mebiame, était situé à Angondjé, classée zone rurale, et dépendait administrativement de la préfecture de NTOUM, et qu'en le faisant il a violé les dispositions légales ;

Considérant qu'aux termes des dispositions de l'article 51 du décret n° 77/PR/MEDE du 06 février 1967 réglementant l'octroi des terres domaniales qui dispose que "(…) les concessions à titre provisoire aux Gabonais d'origine de terrains ruraux sont accordées par arrêté préfectoral" ;

Qu'en l'espèce, la concession aurait dû faire l'objet d'établissement d'un arrêté préfectoral signé du préfet de Ntoum, et non d'un décret signé par le président de la République ;

Qu'un tel comportement est constitutif d'un cas d'incompétence grave, et que l'acte qui matérialise cette attitude, en l'occurrence le décret querellé, doit être regardé comme nul et non avenu, en ce qu'il est juridiquement inexistant… »

B. L'ATTEINTE AUX FORMES ET PROCÉDURES SUBSTANTIELLES

Comme l'incompétence, les vices de procédure et de forme touchent la légalité externe d'un acte administratif. La distinction entre les notions de forme et de procédure n'est guère aisée. Mais on peut retenir que le vice de procédure est constitué par « la méconnaissance d'une des règles organisant la procédure d'élaboration des décisions (ou celle de la conclusion des contrats) et qui sont destinés à éclairer l'autorité compétente, ainsi que dans certains cas à garantir le respect des droits et intérêts des administrés[89] » tandis que le vice de forme s'entend de l'atteinte à une règle relative à sa présentation extérieure.

1. LE NON-RESPECT DES DROITS DE LA DÉFENSE

L'examen de la jurisprudence administrative gabonaise montre que le juge fait preuve de fermeté lorsque l'acte administratif à lui soumis est entaché d'irrégularités substantielles. Il ne tolère pas les manquements aux procédures consultatives ou encore la violation des règles destinées à assurer le respect des droits des administrés.

Dans l'affaire *Mba Ondo Alain*[90] ci-dessus mentionnée, le défaut de consultation du conseil d'enquête

---

[89] René Chapus, *Droit administratif général*, Tome 1, 15e édition, Paris, Montchrestien, 2001, P 1030

[90]CE 13juill. 1966, *Guigon*, Rec. 476 D.1966.669, note F. — G. Bertrand

[90] Conseil d'État gabonais, 21 juin 2002 *Alain Mba Ondoc/État gabonais (ministère de la Défense nationale),* Répertoire n° 15 : « Considérant, s'agissant de l'appréciation de cette requête, que le Conseil d'État observe d'emblée que la décision incriminée est une sanction statutaire infligée à un officier de carrière en l'absence de la consultation préalable et obligatoire du conseil d'enquête, contrairement à ce qui est édicté à ce sujet par l'article 37 du statut général des militaires ; que cette sanction, aux termes de l'article 89 du même statut, ne peut excéder trois (3) mois alors qu'en l'espèce elle a largement

préalablement à la suspension de ce dernier par le Commandant en chef forces de polices nationales a été considéré comme une « *violation flagrante et inadmissible* » des droits de cet agent public. En conséquence, cette décision de suspension a été déclarée inexistante.

Par cette jurisprudence, le juge gabonais a appliqué au recours en déclaration d'inexistence le cas d'ouverture du vice de procédure dont il faisait déjà usage depuis longtemps dans le cadre du recours pour excès de pouvoir[91].

---

dépassé cette durée maximale ; qu'enfin, au regard de sa durée et de ses effets, la sanction en cause a été en fait transformée en la sanction extrême de la révocation, dénaturant ainsi la cause et l'objet de la procédure initiée ;

Considérant que par cet acte, l'administration a violé de façon flagrante et inadmissible les dispositions légales impératives et les principes fondamentaux de droit qui garantissent les droits essentiels des personnels relevant de la loi n° 9/85 du 29 janvier 1986 susvisée ; qu'un tel acte aussi gravement vicié dans la forme et le fond doit être déclaré juridiquement inexistant ;

Considérant que par l'effet de cette déclaration, le requérant à défaut d'être automatiquement rétabli dans ses droits, a au moins droit à la reconstitution de sa carrière ; »

[91] T.A 23 mai 1962, *N'DONGO*, Répertoire n° 6 : « Le droit administratif édicte toute une série de règles concernant la procédure disciplinaire qui doivent être observées même si elles ne sont pas formellement prévues par des textes, car elles sont indispensables pour assurer une réelle liberté de défense ; que tant que l'organe ne s'est pas prononcé, le fonctionnaire comparant doit avoir la possibilité d'organiser ses moyens de défense ; qu'il faut notamment qu'il soit ménagé un délai suffisant entre la citation et la comparution devant le Conseil de discipline, pour que l'intéressé puisse utilement préparer sa défense et faire et en particulier faire citer des témoins dont il entend faire procéder à l'audition par ledit conseil ; qu'il faut d'autre part que la décision de l'organe de discipline statue expressément sur les demandes présentées même s'il les estime mal fondées ; qu'en outre la décision doit être sérieusement motivée afin d'éclairer utilement l'autorité chargée de décider et de faciliter le contrôle juridictionnel ; »

2. LE DÉFAUT DE SIGNATURE

La forme d'un acte administratif peut être abordée sous plusieurs aspects. Celui-ci peut être écrit ou oral, explicite ou implicite. Toutes les formalités d'un acte administratif n'ont pas la même importance. Quelques-unes d'entre elles sont susceptibles d'entraîner le constat de l'inexistence juridique de l'acte querellé. Ainsi en est-il, par exemple, du défaut de signature. À ce propos, le juge de la Chambre administrative de la Cour suprême avait estimé qu'un décret non revêtu de la signature du président de la République était dépourvu de toute valeur juridique[92] : un euphémisme pour dire inexistant. Comment pourrait-il en être autrement ? Pierre DELVOLVE professe : « La signature n'est pas seulement une mention figurant sur l'acte : le plus souvent, elle est une condition de l'existence de celui-ci, et détermine son auteur. Tant que l'acte n'est pas signé, il ne constitue qu'un projet et n'est pas encore un acte juridique : il n'a aucune existence juridique[93]. » Autrement dit une décision administrative sans signature est un acte inexistant.

3. LE DÉFAUT DE MOTIVATION

L'autre règle de forme substantielle dans l'élaboration des actes administratifs est la motivation. Elle consiste en l'insertion des considérations de fait et de droit fondant une décision administrative dans le contenu même de cette dernière. Même si certains la considèrent comme la plus

---

[92] C.A.C.S 13 janvier 1984, *Mebiame*. Rép n° 14 : « Considérant enfin que le décret attaqué n'est revêtu d'aucune signature des autorités compétentes en l'occurrence celle du président de la République et du ministre des Finances et du Budget, en dehors d'un simple paraphe apposé par la direction des domaines et de l'enregistrement ;

Que dès lors il ne présente aucune valeur juridique pour les besoins de la cause ; »

[93] Pierre Delvolvé, *L'acte administratif*, Paris, Sirey, 1983, p187

importante des règles de forme[94], le Conseil d'État français a refusé de consacrer expressément la motivation comme un principe général du droit qui s'imposerait à l'ensemble des actes administratifs unilatéraux[95].

Pour sa part, le juge administratif gabonais faisant application des dispositions de l'article 21 du Code de déontologie de la fonction publique fait de la motivation une règle dont le non-respect entraîne l'inexistence juridique d'un acte administratif.

Par une requête du 15 mars 2007, la Fédération gabonaise de cyclisme (FEGACY) attaquait un arrêté du ministre de la jeunesse et des sports portant retrait de son agrément technique. Elle soutenait que cet arrêté ne contient aucun motif, n'indique pas les voies de recours et ne lui a pas été notifié.

Le Conseil d'État a fait sienne l'argumentation de la FEGACY en considérant que « l'arrêté incriminé, en ce qu'il ne contient aucun motif, viole manifestement les dispositions de l'article 21 du Code de déontologie de la fonction publique faisant obligation à l'administration de motiver toute décision administrative défavorable comme celle de l'espèce ; qu'il convient de déclarer cet acte, du fait du manquement sus-relevé (…) juridiquement inexistant (…)[96] »

Cette décision de la haute juridiction administrative renforce les droits de la défense des administrés, car elle oblige l'administration à leur faire connaitre les raisons de fait de droit qui sont le fondement des décisions

---

[94] Martine Lombard, Gilles Dumont, *Droit administratif, 7e édition*, Paris, Dalloz, 2007

[95] CE, Sect., 26 janv. 1973, *Garde des Sceaux c/Lang*, D. 1973. 606, note B. Pacteau

[96] CE, 27 juin 2008, *Fédération gabonaise de Cyclisme (FEGACY) c/État Gabonais*, Rép. n° 23/2007-2008. Voir Sylvestre Kwahou, *Le contentieux administratif gabonais en 13 leçons*, Publibook, 2016 p 147

administratives défavorables prises à leur encontre. Toutefois, elle peut avoir du mal à s'appliquer aux décisions implicites qui, par définition, ne sont pas écrites et par conséquent pas motivées. Le risque est donc grand que l'administration multiplie les décisions implicites pour échapper à son obligation de motivation.

En somme, certains vices entachant la légalité d'une décision administrative peuvent conduire au constat de l'inexistence de cette dernière. Il en est de même de ceux relatifs à sa légalité interne.

§ 2 : L'ILLÉGALITÉINTERNE DE L'ACTE

Toute décision administrative doit être conforme à la légalité. Dans le cas contraire, elle serait annulée pour violation de la loi. De plus, elle doit être édictée dans un but d'intérêt général ou alors, l'intérêt général pour lequel cette autorité a reçu ses compétences. Si tel n'est pas le cas, elle serait entachée d'un détournement de pouvoir. Notre connaissance de la jurisprudence gabonaise ne nous a pas permis de découvrir des cas où le juge aurait déclaré des actes inexistants pour ces motifs. Néanmoins la notion d'erreur grossière lui a permis d'aboutir à de tels résultats.

A. LES ERREURS GROSSIÈRES

La notion d'erreur en droit administratif revêt généralement trois formes. Dans le premier cas, l'administration fonde sa décision sur une règle inapplicable (elle n'est plus en vigueur ou ne fait pas partie de son champ d'application) ou alors applicable, mais mal interprétée. On parle alors d'erreur de droit. Dans le deuxième cas, l'autorité administrative fonde sa décision sur des faits matériellement inexacts. Il s'agit d'une erreur de fait. Dans le troisième cas, l'administration fonde sa décision sur des faits certes établis, mais qui ont été appréciés de façon incorrecte. On se trouve alors en présence d'une erreur dans la qualification juridique des faits.

C'est cette dernière hypothèse qui nous intéresse ici. La particularité de du contrôle l'erreur dans la qualification juridique des faits est qu'elle permet au juge de vérifier si la décision prise par l'administration est bien adaptée aux faits sur lesquels elle dit la fonder. Autrement dit, le juge vérifie si tel ou tel fait est de nature à provoquer telle ou telle décision. En somme, il contrôle l'opportunité de la décision prise.

Pour la doctrine, le contrôle du juge administratif gabonais relativement au contrôle de l'erreur dans la qualification juridique des faits est insuffisant sinon inexistant. Ce constat serait particulièrement frappant en droit de la fonction publique. À ce propos, Sylvestre KWAHOU déclare : « (…) la liberté d'appréciation des faits (par l'administration) est totale. Et de ce fait le contrôle par le juge administratif de l'adéquation de la sanction par rapport à la faute apparait comme une entreprise difficile. Ainsi, il n'est pas étonnant que le juge administratif gabonais adopte une conception restrictive de ses pouvoirs. Autrement dit le juge manifeste une autolimitation en matière de contrôle d'opportunité ou de proportionnalité des sanctions prononcées. La seule chose que le juge accepte de vérifier est la réalité des faits, laissant ainsi la qualification juridique des faits à la seule appréciation des autorités administratives[97] ou aux instances disciplinaires[98]. »

---

[97] C.A.C.S 6 décembre 1974, *Toungous*, Rép. n° 144 : « Considérant que le texte susvisé confère au directeur général de la sûreté nationale un véritable pouvoir discrétionnaire en matière disciplinaire à l'égard des agents placés sous son autorité ; Considérant (…) que la Chambre administrative compétente pour apprécier la légalité de l'acte n'est pas juge de l'opportunité ; qu'elle n'a pas en conséquence à se prononcer

Si cette analyse ne manque pas de pertinence au regard de la jurisprudence Toungous de l'ancienne Cour suprême, force est de constater qu'elle peut être nuancée par d'autres arrêts de cette même juridiction et du Conseil d'État.

Dans l'affaire Toungous, le directeur général de la sureté nationale avait, conformément à l'article 1er du décret n° 276 — PR-DGN du 9 mars 1973, révoqué un agent de cette administration sans consultation préalable de la commission de discipline. Saisie d'un recours pour excès de pouvoir contre cet acte, la Chambre administrative avait refusé non seulement de se prononcer sur la nature et la gravité de la faute commise par l'agent révoqué, mais aussi de rechercher si cette faute pouvait justifier sa révocation[99]. De façon claire, elle a refusé de contrôler l'opportunité de la sanction prise par l'autorité administrative.

Dans l'affaire Pedoya Menest[100] à laquelle Monsieur Kwahou fait également allusion, la Chambre administrative énonce certes que « la juridiction administrative n'examine pas les faits en vue d'apprécier l'opportunité de la décision attaquée », mais elle nuance en ajoutant qu'elle procède à ce contrôle « dans la mesure où il conditionne la légalité de l'acte ». Appliquant cette doctrine au cas qui lui était

---

sur la nature et la gravité de la faute commise par le requérant ni à justifier ou non sa révocation. »

98 C.A.C.S. 6 décembre 1973, *Pedoya Menest*, Rép. n° 25 : « Considérant que la juridiction administrative n'examine pas les faits en vue d'apprécier l'opportunité de la décision attaquée, mais seulement dans la mesure où cet examen conditionne la légalité (...) ; Considérant que les faits reprochés à (...) sont établis et ont été justifiés par le Conseil de discipline de faute lourde ; qu'ils étaient donc de nature à justifier légalement la sanction prise à son encontre. »

99 C.AC.S 6 décembre 1974, *Toungous*, Rép. n° 144. Voir Guillaume PAMBOU TCHIVOUNDA, *Les grandes décisions de la jurisprudence administrative du Gabon,* op cit., p 181

100 C.A.C.S. 6 décembre 1973, *Pedoya Menest*, Rép. n° 25. Voir Voir Guillaume PAMBOU TCHIVOUNDA, *Les grandes décisions de la jurisprudence administrative du Gabon,* op cit,.

soumis, la Chambre administrative constata qu'il était reproché au Sieur PEDOYA MENEST des absences répétées et non justifiées ainsi qu'une incapacité professionnelle, Elle considéra d'abord que ces faits à lui reprochés sont établis (exactitude matérielle des faits). Elle poursuivit son argumentaire en ajoutant qu'ils ont exactement été qualifiés de faute lourde par le conseil de discipline (qualification juridique des faits). Elle en conclut que ces faits étaient de nature à justifier légalement la décision prise à son encontre (opportunité).

Dans le cadre de l'affaire *Zacharie Myboto (Union Nationale) contre État gabonais*, le Conseil d'État procéda de manière similaire en estimant que les faits reprochés à l'Union Nationale avaient été clairement identifiés et qualifiés juridiquement par le ministre de l'Intérieur et qu'ils étaient de nature à justifier la décision de dissolution prise à l'encontre de ce parti[101].

Dans ces affaires *Pedoya Menest* et *Union nationale*, le juge administratif procéda à un contrôle de la qualification juridique des faits même si d'aucuns pourront lui reprocher sa prudence extrême.

Mais il est allé beaucoup plus loin dans ce contrôle de la qualification juridique des faits, ou même de l'erreur manifeste d'appréciation dans l'affaire *Boukila*

---

[101]Pour rappel, suite à la prestation de serment de Monsieur André MBA OBAME qui se considérait comme le vainqueur de l'élection présidentielle de 2009 et à la formation d'un gouvernement par celui-ci, le ministre de l'Intérieur de la République gabonaise avait prononcé la dissolution du parti Union Nationale dont il était le secrétaire exécutif. Le ministre invoquait les motifs suivants : « *non-respect des principes démocratiques, atteinte à la forme républicaine de l'État, atteinte à la souveraineté nationale et trouble à l'ordre public.* » L'Union Nationale estimait que le ministre s'était simplement contenté de reprendre les causes théoriques justifiant la dissolution d'un parti politique sans pour autant motiver correctement sa décision. Le Conseil d'État en a jugé autrement.

MouéléMaurice contre l'État gabonais[102]. Cet agent du ministère de la Défense nationale avait été révoqué de ses fonctions avec perte de ses droits par un décret du président de la République. Il introduit un recours en déclaration d'inexistence juridique contre cet acte auprès du Conseil d'État. Analysant ce recours, la haute juridiction considéra que les faits reprochés au requérant — dont elle ne contestait pas la matérialité —n'étaient pas de nature à justifier la sanction disciplinaire de révocation qui lui avait été infligée. Cette décision était entachée d'une irrégularité grossière qui conduit le Conseil d'État à laregarder comme « nulle et non avenue ».

Commentant l'arrêt *Toungous*, le professeur Pambou Tchivounda avait estimé que la chambre administrative avait manqué une occasion d'étendre son pouvoir de contrôle dans le sens d'une réduction de l'emprise absolue du pouvoir discrétionnaire de l'administration[103]. On peut présumer que l'affaire BOUKILA MOUELE lui aurait permis d'assouplir son jugement. Elle a donné l'occasion au juge administratif gabonais de faire usage, sans le dire, de la notion d'erreur manifeste d'appréciation pour sanctionner la disproportion manifeste entre les faits reprochés au Sieur BOUKILA et la sanction de révocation prononcée à son

---

[102] CE, 25 avril 2001, *BOUKILA MOUELE Maurice c/État gabonais (ministère de la Défense nationale)*, Répertoire n° 22 : « *Considérant, en droit, que toute sanction réprime une faute, lorsque la responsabilité de son auteur est établie ;*

Considérant, en l'espèce, qu'en statuant sur la base des seuls éléments tirés de l'enquête préliminaire qui n'établissement nullement une faute imputable à BOUKALA (sic !) MOUELE Maurice, l'administration a fondé la décision attaquée sur des faits qui ne caractérisent pas, par eux-mêmes, la responsabilité du requérant ; que la décision le révoquant le révoquant étant ainsi entachée d'une illégalité grossière, elle doit être regardée comme nulle et non avenue, en ce qu'elle est juridiquement inexistante ; »

[103] Guillaume PAMBOU TCHIVOUNDA, *Les grandes décisions de la jurisprudence administrative du Gabon,* op cit,. p191

encontre. Une telle erreur, lorsqu'elle est constatée comme en l'espèce, conduit à la déclaration d'inexistence juridique de la décision attaquée.

En examinant la motivation du Conseil d'État, on perçoit que l'illégalité invoquée est une erreur dans la qualification juridique des faits par l'administration. Par cette technique, le juge vérifie si les faits invoqués par une autorité sont de nature à justifier la décision prise. En l'espèce, la haute Cour a considéré que les faits invoqués ne sont pas de nature à établir la responsabilité du requérant et donc justifier la sanction de révocation à lui infligée. Le décret du président de la République fut déclaré inexistant.

Ainsi, une erreur grossière peut conduire à la déclaration d'inexistence juridique d'une décision administrative. Il en est de même de l'usage abusif du pouvoir discrétionnaire.

B. L'USAGE ABUSIF DU POUVOIR DISCRÉTIONNAIRE

Dans *l'affaire Moussavou Kimi Tcheiste*[104], un agent public contractuel retraité réclamait au Conseil d'État le rétablissement de son indice. En réponse à cette demande, le Conseil d'État gabonais estima « qu'en introduisant le requérant, agent contractuel de son état[105], dans le champ d'application d'un autre texte, à savoir le statut général des fonctionnaires, l'autorité administrative auteur du texte litigieux a exercé son pouvoir discrétionnaire en violation flagrante et manifeste des principes juridiques les plus élémentaires, rendant ainsi ce texte inexistant. »

---

[104] CE 29 mars 2013, *Moussavou KIMI Tcheiste c/État gabonais*, rép. n° 49/2012/2013. Voir Ernest TSATSABI, *La justice administrative gabonaise*, Saint Denis, Connaissances et savoirs, p 74

[105] Au Gabon les agents contractuels de l'État sont soumis à Loi n° 3/88 du 31 juillet 1990 fixant les conditions générales d'emploi des agents contractuels de l'État tandis que les fonctionnaires relèvent de la[105] Loi n° 8/91 du 26 septembre 1991 portant statut général des fonctionnaires

En examinant la motivation de la plus haute juridiction administrative gabonaise, deux éléments ont conduit, à la vérité, en lieu place du « concept attrape-tout » de violation flagrante et manifeste des principes juridiques les plus élémentaires, à déclarer nulle et de nul effet la décision litigieuse. Le premier est l'usage abusif du pouvoir discrétionnaire, le second étant la méconnaissance du champ d'application de la loi.

Le pouvoir discrétionnaire n'est pas une liberté laissée à l'administration de violer la loi. Il s'agit plutôt de la faculté qui lui est laissée de choisir entre plusieurs décisions toutes conformes à la légalité. En motivant sa décision ainsi qu'il l'a fait, le Conseil d'État remet en cause une idée largement répandue non seulement dans l'esprit de nombreuses autorités administratives, mais aussi au sein de l'opinion publique gabonaise. Cette idée qui voudrait que le pouvoir discrétionnaire d'une autorité administrative lui permette d'échapper à la loi.

Notons toutefois l'important pouvoir accordé au président de la République gabonaise induisant des dérogations aux règles d'intégration et de promotion des fonctionnaires à lui conféré par l'article 23 de la loi n° 8/91 du 26 septembre 1991 portant statut général des fonctionnaires (le fameux article 23). Néanmoins si ce pouvoir est utilisé dans le non-respect des conditions posées par ce même article[106], il est probable que le juge

---

[106] Ce pouvoir est encadré par deux conditions : 1) ce pouvoir ne peut être employé qu'en cas de nécessité urgente ou lorsqu'un intérêt supérieur l'exige, notions qui, à la vérité sont bien vagues ; 2) pour le bénéficiaire de la promotion exceptionnelle, il doit posséder les diplômes supérieurs, ou à tout le moins égaux à ceux exigés dans sa future hiérarchie ; quant au bénéficiaire de la promotion exceptionnelle, il doit réunir au moins quinze années d'ancienneté dans son corps ou sa spécialité d'origine

administratif sanctionne l'acte pris en le déclarant nul et de nul effet.

C. LA MÉCONNAISSANCE DU CHAMP D'APPLICATION DE LA LOI

L'autre élément sous-jacent, mais déterminant la décision *Moussavou Kimi Tcheiste*[107], est le moyen tiré de « *la méconnaissance du champ d'application de la loi* ». Nous estimons cette expression plus appropriée que celle assez diffuse de violation flagrante et manifeste des principes juridiques les plus élémentaires.

Que recouvre la notion de méconnaissance du champ d'application de la loi ? La loi doit être prise ici au sens large, englobant des normes constitutionnelles, conventionnelles, législatives, réglementaires ou jurisprudentielles notamment par les principes généraux du droit. Il s'agit d'une notion proche de la violation de la loi, mais qui s'en distingue par la gravité de l'illégalité commise.

René Chapus écrit à ce propos « La question qui se pose en matière de méconnaissance du champ d'application de la loi n'est pas simplement de savoir s'il y a "violation de la loi" au sens ordinaire de l'expression c'est-à-dire des dispositions législatives ou réglementaires ou si des principes jurisprudentiels ont été méconnus.

On peut dire qu'il s'agit d'un cas de violation aggravée de la loi, en ce que la décision dont la légalité est en cause a été prise sur la base d'une norme insusceptible d'être appliquée[108] aux personnes ou aux situations concernées[109]. »

---

[107] CE 29 mars 2013, *Moussavou KIMI Tcheiste c/État gabonais*, rép. n° 49/2012/2013. Voir p 74

[108] Nous soulignons

[109] René Chapus, *Droit du contentieux administratif*, op. cit. p 823

Les cas de méconnaissance du champ d'application de la loi sont nombreux. D'abord il peut s'agir d'une méconnaissance dans le temps du champ d'application de la loi. Dans ce cas l'autorité administrative se fonde sur une norme qui n'est pas encore entrée en vigueur ou qui a cessé d'être appliquée[110].

Ensuite il peut s'agir d'une méconnaissance du champ d'application de la loi dans l'espace[111]. Cette hypothèse est assez difficile à distinguer des cas d'incompétence territoriale. L'affaire *Jean Pierre Tchivounda c/État gabonais* révèle la similitude entre ces deux moyens. En effet, pour annuler un décret du président de la République, le tribunal administratif de Libreville argumente :« : « Considérant que Sieur Tchivounda Jean-Pierre fait essentiellement grief à l'acte attaqué d'avoir été pris par une autorité manifestement incompétente ; qu'il soutient qu'il n'appartenait pas au président de la République de signer le décret attaqué dès lors qu'à l'établissement dudit décret, le terrain concédé au Sieur Léon Mebiame, était situé à Angondjé, classée zone rurale, et dépendait administrativement de la préfecture de Ntoum, et qu'en le faisant il a violé les dispositions légales ;

Considérant qu'aux termes des dispositions de l'article 51 du décret n° 77/PR/MEDE du 06 février 1967 réglementant l'octroi des terres domaniales "(…) les concessions à titre provisoire aux Gabonais d'origine de terrains ruraux sont accordées par arrêté préfectoral" ;

Qu'en l'espèce, la concession aurait dû faire l'objet d'établissement d'un arrêté préfectoral signé du préfet de

---

[110] CE 9 juin 1958, *Costa et frères* : à propos des dispositions d'une loi et d'un accord international

[111] CE 13 juin 1961, *Le Laitre* : inclusion d'une opération de remembrement rurale des parcelles situées hors de la commune à laquelle s'applique l'arrêté préfectoral incluant le remembrement.

Ntoum, et non d'un décret signé par le président de la République ;

Qu'un tel comportement est constitutif d'un cas d'incompétence grave, et que l'acte qui matérialise cette attitude, en l'occurrence le décret querellé, doit être regardé comme nul et non avenu, en ce qu'il est juridiquement inexistant... »

Si l'on se place du point de vue de l'auteur de l'acte, effectivement il y a incompétence du président de la République puisque l'attribution des terrains situés en zone rurale relève, en vertu de l'article 51 du décret du 6 février 1967, des attributions du préfet. Mais si l'on analyse le champ d'application territorial de l'acte du président de la République, on se rend compte qu'il a méconnu le champ d'application de la loi étant donné qu'il signe les décrets portant attribution de parcelles en zone urbaine et non en zone rurale. Ces deux hypothèses étaient donc de nature à justifier légalement la décision du tribunal administratif de Libreville.

La dernière hypothèse de méconnaissance du champ d'application de la loi se trouve réalisée lorsque l'autorité administrative applique à un objet ou un sujet de droit un statut ou un régime dont il ne relève pas. Ainsi en est-il, en droit français, d'un arrêté de débet émis pour des créances n'ayant pas le caractère de deniers publics[112], d'un arrêté d'expulsion pris à l'encontre d'une personne ayant acquis la nationalité française[113], ou si la garantie décennale des articles 1792 et 2270 du Code civil français est mise à la

[112] CE Sect. 11 mai 1956, *Soc. Frce de transports Gondrand frères*, p202. AJ 1956, 2, p247, concl M. Long, D 1956, p 433, RDP 1957, p. 107

[113] CE 29 octobre 1980, *Sassi*

charge d'une personne n'ayant pas la qualité de constructeur[114].

C'est précisément dans la lignée de ces affaires qu'il faut comprendre l'arrêt *Moussavou Kimi Tcheiste*[115]du Conseil d'État gabonais. Étant agent public contractuel soumis à la loi n° 3/88 du 31 juillet 1990 fixant les conditions générales d'emploi des agents contractuels de l'État, la loi n° 8/91 du 26 septembre 1991 portant statut général des fonctionnaires était manifestement insusceptible de lui être appliquée. En décidant de le soumettre à ce dernier texte, l'administration a méconnu le champ d'application de la loi, rendant ainsi sa décision inexistante. Nous estimons qu'en lieu et place de violation flagrante et manifeste des principes juridiques les plus élémentaires, il aurait été plus heureux pour la haute juridiction de qualifier le cas *Moussavou Kimi Tcheiste* de méconnaissance du champ d'application de la loi.

La méconnaissance du champ d'application de la loi figure, avec l'incompétence de l'auteur de l'acte, au nombre des moyens d'ordre public ayant une portée générale[116] et pouvant par conséquent être soulevé d'office par le juge. Or, selon le président Raymond Odent, le moyen d'ordre public est « un moyen relatif à une question d'importance telle que le juge méconnaitrait lui-même la règle de droit qu'il a pour mission de faire respecter si la décision juridictionnelle rendue n'en tenait pas compte[117]. »

---

[114] CE 13 novembre 1987, *Synd. Intercomm. de l'école des Clos*, p 365, D 1988, SC, p 254, obs. P Terneyre, RFDA 1988, p 380, concl. Y. Robineau.

[115] CE 29 mars 2013, *Moussavou KimiTcheiste c/État gabonais*, rép. n° 49/2012/2013 *op cit*.

[116] David Bailleul, *L'efficacité comparée des recours pour excès de pouvoir et de plein contentieux objectif en droit public français*, Paris, L.G.D.J, 2002, p194

[117] Cité par Bernard Stirn, « *Ordre public et libertés publiques* », Colloque sur l'ordre public organisé par Association française de philosophie du droit, les 17 et 18 décembre 2015. Voir

On le voit donc, la méconnaissance du champ d'application de la loi est une violation de la loi d'une extrême gravité. Elle doit conduire le juge à dénier tout effet juridique à un acte entaché d'un tel vice.

D. LA FRAUDE

Du Latin «*fraus*» ou «*fraudis*», la fraude désigne « l'acte de mauvaise foi accompli dans le dessein de préjudicier à des droits que l'on doit respecter ». Entre des copartageants il y'a fraude en cas de « manœuvres destinées à rompre l'égalité du partage[118] ».

Même si un célèbre adage proclame « la fraude corrompt tout» (*fraus omnia corumpit)* les professeurs de droit administratif ne font pas de la fraude un moyen d'annulation en recours pour excès de pouvoir. Pourtant le juge administratif gabonais considère ce vice d'une gravité telle qu'un acte obtenu par des manœuvres dolosives doit être déclaré purement et simplement inexistant.

L'affaire Dame *Ebong OndoAngèle c/État gabonais*[119] est révélatrice de la sévérité avec laquelle le juge administratif sanctionne la fraude lorsqu'elle est établie. La requérante, Dame Ebong Ondo, sollicitait du tribunal administratif de Libreville la déclaration d'inexistence juridique du décret n° 662/PR du 10 juillet 2013 portant attribution à titre définitif d'un terrain urbain à Libreville Dame Edayong Ondo, sa sœur ainée.

Parmi ses moyens, elle reprochait à la bénéficiaire du décret attaqué d'avoir sciemment induit l'administration en erreur en alléguant que les investissements réalisés sur la

---

http://www.conseil-etat.fr/content/download/47258/412691/version/1/file/Ordre_public_et_libertes_publiques_17_sept_2015.pdf (consulté le 10 mai 2015)

[118] Gérard Cornu, *Vocabulaire juridique*, Paris, Puf, 2008, p 430

[119] TA, Libreville, 06 juin 2016, *Ebong Ondo Angèle c/État gabonais (ANUTTC) et Edayong Ondo*, Répertoire n° 46, 2015-2015

parcelle litigieuse étaient les siens[120]. Elle fustigeait ensuite un vice de procédure[121] consistant un manquement aux formalités de publicité applicables en la matière. Ce qui a, de fait, rendu la procédure non contradictoire.

Ayant à se prononcer sur cette affaire, le commissaire à la loi avait suggéré au Tribunal de déclarer le décret attaqué inexistant, soit en raison des manœuvres frauduleuses ayant entaché son édiction, soit en raison de l'incompétence manifeste de l'auteur de l'acte, moyen d'ordre public. Pour le ministère public, le Premier ministre avait empiété sur la compétence du directeur provincial des Impôts de la province de l'Estuaire[122].

---

[120] Plus tard, la bénéficiaire du décret, Dame Edayong Ondo, a reconnu auprès de l'administration que les investissements réalisés étaient ceux de la requérante.

[121] La procédure de cession d'une parcelle est décrite par le décret n° 257 du 19 juin 2012 réglementant les cessions et locations des terres domaniales en République gabonaise. Aux termes de l'article 24 de ce texte « la demande de cession d'un terrain ou de concession de bail est faite sur imprimé mis à la disposition des usagers par le bureau de l'agence nationale de l'urbanisme, des travaux topographiques et du cadastre territorialement compétent ».

Ensuite, « la demande est instruite par les services de l'agence (…) en vue de la constitution d'un dossier technique dans un délai maximum de trois mois à compter de la date de délivrance du récépissé d'enregistrement. » (Article 26)

Le même décret ajoute : « lorsque le terrain sollicité ne fait pas partie d'un lotissement aménagé par l'État, l'agence procède, après reconnaissance et délimitation du terrain, à l'accomplissement de la formalité de publicité en apposant la demande introduite sur le terrain pendant un délai de quinze jours de jours au cours duquel les oppositions peuvent être soulevées. » (Article 27)

[122] Le Commissaire à la loi concluait en ces termes : « En vertu d'une jurisprudence bien établie, l'incompétence de l'auteur d'un acte administratif ou d'un contrat constitue un moyen d'ordre public. (…)

L'analyse de la compétence de l'auteur de l'acte dans la présente cause n'est donc pas incongrue.

Précisons, sur ce point, que depuis la réforme 2012, le Président de la République et le Premier ministre ont été dessaisis de la matière

Entre les deux possibilités à lui offertes, le tribunal administratif de Libreville choisit de se fonder sur le moyen de la fraude. Son raisonnement se présentait ainsi qu'il suit :« considérant que la requérante fait grief au décret attaqué d'avoir été obtenu par fraude ; qu'il est constant que la fraude réside non seulement, dans la fourniture de faux documents ou de fausses informations, mais aussi dans la dissimulation de faits ou de manœuvres visant à induire l'administration en erreur ; qu'à l'examen des pièces versées au dossier, Dame Edayong Ondo a induit l'administration foncière en erreur en indiquant aux enquêteurs que la mise en valeur de l'entière partielle était la sienne ;

Qu'il résulte de ce qui précède que le grief dirigé contre le décret querellé est fondé ; que par conséquent, et sans

---

domaniale au profit du Directeur provincial des Impôts, puis du Directeur général de l'Agence Nationale de l'Urbanisme, des Travaux topographiques et du Cadastre.

En effet, l'article 31 du décret n° 257/PR/MECIT du 19 juin 2012 réglementant les cessions et locations des terres domaniales — législation applicable au moment de la signature du décret attaqué — dispose : "l'Agence Nationale de l'Urbanisme, des travaux topographiques et du cadastre transmet, sans délai, le dossier technique à la Direction provinciale des Impôts territorialement compétente aux fins de l'établissement de l'acte de cession ou de concession de bail qui doit être signé par le Directeur provincial au plus tard dans les sept jours à compter de la date de réception du dossier".

Or, en l'espèce, l'acte de cession litigieux a été signé non par le Directeur provincial des impôts, mais par le Premier ministre, sur délégation du Président de la République le 10 juillet 2013.

Le Premier ministre a donc empiété sur la compétence du Directeur provincial des impôts.

Par conséquent, sans qu'il soit besoin d'analyser les autres moyens, vous déclarerez nul et non avenu le décret litigieux. » Voir : Conclusions du Commissaire à la Loi sur : tribunal administratif de Libreville, 06 juin 2016, *EBONG ONDO Angèle c/État gabonais (ANUTTC) et EDAYONG ONDO*, Répertoire n° 46, 2015-2015

qu'il soit besoin d'examiner tous les moyens du recours, il y a lieu de déclarer le présent décret nul et non avenu[123] ; »

Dans ces considérants le juge administratif gabonais a fait usage de la technique de l'économie des moyens. Elle lui permet de ne pas examiner les autres moyens de la requête si l'un d'entre eux permet d'effacer un acte administratif de l'ordonnancement juridique. En l'occurrence le moyen de la fraude permettant d'aboutir à ce résultat, il n'a plus jugé utile d'apprécier le bien-fondé du cas d'ouverture tiré du vice de procédure, ni même le moyen de l'incompétence manifeste de l'auteur de l'acte, susceptible d'être soulevé d'office.

Dans une autre affaire, *Sieur Ondo Ndong Jean François c/État gabonais (Gouvernorat de l'Estuaire)*[124], le tribunal administratif de Libreville a maintenu sa jurisprudence en estimant qu'un acte acquis par fraude était devait être déclaré inexistant :

« Considérant que pour demander l'inexistence juridique de l'arrêté n° 045/MATC/CPES/CAB/SAD du 22 juin 983, le requérant soulève le moyen unique de l'authenticité dudit acte ; qu'invoquer l'authenticité de l'arrêté litigieux doit s'entendre comme un moyen tiré de la fraude ;

Considérant qu'il est de jurisprudence constante que le recours en déclaration d'inexistence juridique sanctionne un acte pris, soit par une autorité administrative manifestement incompétente, soit entaché d'une illégalité grave et flagrante, d'erreur grossière ou par fraude ;

---

[123] Tribunal administratif de Libreville, 06 juin 2016, *EBONG ONDO Angèle c/État gabonais (ANUTTC) et EDAYONG ONDO*, Répertoire n° 46, 2015-2015

[124] Tribunal administratif de Libreville, 20 mars 2019, *Sieur ONDO NDONG Jean François c/État gabonais (Gouvernorat de l'Estuaire) et Dame NGNINGONE Catherine*, Répertoire n° 101, 2018-2019

Qu'en l'espèce, il ressort de l'ensemble des pièces versées au débat et notamment du courrier du gouverneur de la province de l'Estuaire adressé au magistrat instructeur, que l'arrêté n° 045/MA/TC/PES/CAB/SAD du 22 juillet 1983 dont se prévaut la défenderesse n'existe pas dans les archives du gouvernorat ; qu'en plus les irrégularités qu'il comporte ne figurent sur aucun autre arrêté datant de cette année ; que le décret n° 867/PR du 18 novembre 1968 qu'il vise a été abrogé par le décret n° 009/PR/MI/DAG du 16 janvier 1976 qui en 1983 était le décret visé ; qu'ensuite dans les archives du gouvernorat, le numéro que porte l'arrêté querellé est attribué à une autre personne ; qu'enfin, la signature du gouverneur a été imitée sur l'arrêté litigieux ;

Qu'ainsi, tous ces éléments énumérés sont constitutifs d'une fraude entachant la régularité de l'arrêté incriminé ;

Que dès lors, il y a lieu de déclarer ledit acte nul et de nul effet ; »

En somme, le juge administratif gabonais sanctionne de la manière la plus ferme les actes administratifs obtenus par fraude. Ils sont purement et simplement déclarés de nuls et de nul effet.

CHAPITRE 2

LES EFFETS DU RECOURS

La déclaration d'inexistence juridique d'un acte administratif s'applique aux parties et aux tiers au procès (Section 1). Elle signifie que ce dernier disparait de façon rétroactive (Section 2), l'administration étant par ailleurs dans l'impossibilité d'en moduler les effets dans le temps (Section 3).

SECTION 1 : LES EFFETS À L'ÉGARD DES PARTIES ET DES TIERS

La déclaration d'inexistence juridique d'un acte administratif a un effet *erga omnes*. Elle a une portée générale. Elle s'applique à tous. Comme dans le recours annulation « elle profite non seulement au requérant, mais à toute personne[125] ».

Toutefois, dans le cadre d'un recours en annulation la jurisprudence française admet la tierce opposition en faveur des personnes qui ont un intérêt au maintien de l'acte administratif[126]. Le droit positif gabonais n'est pas rebelle à une telle approche. Mais peut-on-imaginer un juge faire droit au fond à une demande de tierce opposition alors que l'acte dont il sollicite le maintien a été déclaré inexistant ?

Pour sûr, la tierce opposition est une voie de droit ouverte à toute personne contre une décision de justice qui préjudicie à ses droits et intérêts lorsque ces derniers n'ont pas été présents ou régulièrement appelés dans l'instance

---

[125] Max Rémondo, *Le droit administratif gabonais*, *op cit.* p240

[126] CE, 29 décembre 1912, *Boussuge*, n° 45893, Lebon

ayant abouti à la décision[127]. Est donc recevable la tierce opposition formée contre un jugement ou arrêt déclarant un jugement inexistant.

Toutefois, dans un recours en annulation, l'admission de la tierce opposition a pour but de corriger les atteintes excessives à l'intérêt général qui résulteraient de la décision du juge. On part du principe que même si l'acte est illégal, il émane quand même d'un administrateur plus ou moins sujet à erreur. C'est pourquoi le tiers opposant à une décision d'annulation conserve des chances de succès au fond du litige.

Mais dans un recours en déclaration d'inexistence, l'intérêt supérieur de la légalité surplombe les intérêts particuliers. L'étaticité ou même l'administrativité de l'acte est remise en cause. C'est pourquoi on peut être sceptique sur les chances de succès au fond d'un tiers qui fait opposition à un jugement ou arrêt prononçant à bon droit l'inexistence d'un acte administratif unilatéral.

SECTION 2 : LA DISPARITION RÉTROACTIVE DE L'ACTE

Contrairement à ce que l'on pourrait penser, le recours en annulation et le recours en déclaration d'inexistence ne se distinguent pas par leurs effets dans le temps. Bien au contraire ils aboutissent strictement au même résultat : la suppression de l'acte administratif non seulement pour l'avenir, mais aussi pour le passé.

---

[127] « Sauf en matière de référé, les jugements ou arrêts des juridictions administratives ne sont pas susceptibles d'opposition.

Toutefois toute personne peut former une tierce opposition à une décision qui préjudicie à ses droits lorsque ni cette personne ni celle qu'elle représente n'ont été présentes ou régulièrement appelées dans l'instance ayant abouti à cette décision. La tierce opposition constitue une voie de réformation. Elle n'est pas admise en matière électorale. » Code des juridictions administratives, article 86

À cet effet Paul Cassia écrit : « il n'y a pas en principe de différence entre l'annulation et la déclaration d'inexistence : dans les deux cas l'acte est réputé n'être jamais intervenu, et les situations doivent replacées dans l'état dans lequel elles auraient dû l'être si l'acte illégal n'était pas intervenu[128]. » Le commissaire du gouvernement Derepas est catégorique : « la déclaration d'inexistence a exactement la même conséquence que l'annulation pour excès de pouvoir, à savoir la suppression rétroactive de l'acte de l'ordre juridique[129]. »

Toutefois, au-delà de cette identité de conséquences juridiques, le recours en déclaration d'inexistence juridique se distingue du recours pour excès de pouvoir classique par ses effets symbolique et pratique.

SECTION 3 : L'IMPOSSIBLE MODULATION DANS LE TEMPS DES EFFETS D'UNE DÉCLARATION D'INEXISTENCE JURIDIQUE

Dans le cadre d'un recours pour excès de pouvoir prévaut le principe de l'effet rétroactif de l'annulation. Autrement dit, l'acte annulé est effacé pour le passé et pour l'avenir[130]. Toutefois, exceptionnellement, lorsque les conséquences d'une annulation rétroactive se révèleraient manifestement excessives pour les intérêts publics et privés en présence, le juge administratif peut être conduit à moduler dans le temps les effets de l'annulation qu'il prononce.

Peut-il en être ainsi dans le cadre du prononcé de l'inexistence juridique d'un acte administratif? Une réponse négative s'impose. Le vice affectant l'acte

---

[128] Voir M. Long, P. Weil aii, *Les grands arrêts de la jurisprudence administrative, op cit.* p 782

[129] Concl L. Derepas sur CE 26 janvier 2007, *Commune de Neuville sur-Escaut*

[130] CE 26 décembre 1925, Rodière. Rec. Lebon p 1065

administratif est si grave qu'il retire à son auteur la qualité même d'autorité administrative. L'acte est considéré comme n'émanant pas de l'administration.

Et Paul CASSIA de conclure « la modulation dans le temps des effets d'un acte administratif ne peut pas être transposée au constat de l'inexistence de la mesure litigieuse en raison de la gravité de l'illégalité qu'il n'est pas imaginable de laisser persister, même de façon temporaire[131]. »

Le juge administratif gabonais n'a pour l'instant pas développé son office sur la question de la modulation dans le temps des effets d'une annulation ou d'une déclaration d'inexistence juridique. Mais il paraîtrait logique qu'à l'avenir sa jurisprudence se rapproche de la doctrine française.

---

[131] Voir M. Long, P. Weil et alii, *Les grands arrêts de la jurisprudence administrative*, *op cit.* p782

CONCLUSION GÉNÉRALE

Le recours en déclaration d'inexistence est loin d'être un recours résiduel en droit du contentieux administratif gabonais. Avec le contentieux de la responsabilité de la puissance publique, il constitue l'un des recours majeurs. Le juge administratif gabonais en est fréquemment saisi.

Dans son office, il continue de soumettre la requête à fin de déclaration d'inexistence juridique d'un acte administratif aux conditions de forme relatives à la présentation de la requête, à la personne du requérant et, enfin, celle relative à la nature de l'acte attaqué.

Cependant, n'ayant pas fait l'objet d'un traitement exprès par le législateur gabonais, le juge administratif, s'inspirant de la jurisprudence française a exonéré le recours en déclaration d'inexistence de la condition de délai. Un acte inexistant peut donc être remis en cause perpétuellement.

Ce recours est aussi libéré de l'exigence d'un recours administratif préalable. C'est sans doute la principale explication de son succès. Il faut le dire, l'exigence d'un recours administratif préalablement à tout recours contentieux est à l'origine du déclin du recours pour excès de pouvoir en droit gabonais.

Certes, il faut reconnaître avec Bertrand Seiller que cette exigence permet de favoriser « une solution amiable et évidemment plus rapide et plus économique que celle issue d'un recours juridictionnel[132] ». Mais la réalité montre que les justiciables gabonais usent rarement de cette faculté soit

---

[132] Voir préface de l'ouvrage de Voir Ernest Tsatsabi, *La justice administrative gabonaise*, Saint Denis, Connaissances et savoirs, op cit.

par ignorance, soit par impatience, soit par peur ou encore par défiance à l'égard de l'administration. Dans le même temps, curieusement, les autorités administratives gabonaises rechignent souvent à user de leur pouvoir de retirer ou d'abroger certains actes administratifs, préférant, chose invraisemblable, demander aux administrés de saisir le juge.

Dans le contexte gabonais, l'exigence d'un recours administratif préalable ne favorise donc pas forcément le règlement amiable ou économique du litige. C'est pourquoi dans la perspective d'une refonte future du Code des juridictions administratives, il serait souhaitable de revenir au retour administratif facultatif qui prévalait sous l'empire de la loi n° 28/59 du 22 juin 1959 relative au contentieux administratif. Ce système prévaut d'ailleurs encore aujourd'hui en France malgré l'existence de recours spéciaux prévus dans de nombreuses matières.

Au-delà de ces obstacles relatifs à la recevabilité du recours, le juge administratif gabonais a développé une jurisprudence particulièrement rigoureuse à l'encontre des actes administratifs viciés. Ainsi, de nombreuses décisions que son homologue français aurait considérées simplement illégales pourront, selon toute vraisemblance, être déclarées inexistantes de par le juge administratif gabonais. Certes, certaines d'entre elles dérogent à ce constat. Mais c'est un constat réel.

Cette politique jurisprudentielle des juridictions administratives s'explique sans aucun doute par leur souci de protéger le principe de légalité républicaine qui, selon le préambule de la Constitution, constitue une des règles essentielles d'organisation de la vie du peuple gabonais. Le principe de sécurité juridique des administratifs est ainsi relégué au second plan.

En somme ce qui caractérise le comportement du juge administratif gabonais est son pragmatisme. Il est difficile pour l’heure d’en établir une théorie générale du recours en déclaration d’inexistence juridique, car c’est au cas par cas qu’il détermine les illégalités qu’il entend sanctionner sévèrement. Il étend ainsi progressivement son contrôle sur l’action administrative. La liste des moyens susceptibles de rendre nul et de nul effet un acte administratif peut donc encore s’étendre.

BIBLIOGRAPHIE

I. TEXTES OFFICIELS

Constitution gabonaise du 26 mars 1991

Loi n° 001/2018 du 12 janvier 2018 portant révision de la Constitution gabonaise

Loi organique n°5/2002 du 27 novembre 2002 fixant l'organisation, la compétence et le fonctionnement du Conseil d'État

Loi organique n° 10/94 du 17 septembre 1994 fixant l'organisation, la compétence et le fonctionnement de la Cour administrative

Loi n ° 28/59 du 22 juin 1959 relative au contentieux administratif

Loi n° 15-72 du 29 juillet 1972 portant adoption de la première partie du Code civil

Loi n° 17/84 du 29 décembre 1984 portant code des juridictions administratives

Loi n ° 3/88 du 31 juillet 1990 fixant les conditions générales d'emploi des agents contractuels de l'État

Loi n° 8/91 du 26 septembre 1991 portant statut général des fonctionnaires

Loi n° 7/94 du 16 septembre 1994 portant organisation de la justice

Loi n° 12/94 du 16 septembre 1994 portant statut des magistrats

Loi n° 10/2001 portant statut particulier des fonctionnaires de la santé

Loi n° 1/2005 du 04 février 2005 portant Statut général de la fonction publique

Ordonnance n° 1/77/PR du 2 février 1977 portant adoption du Code de procédure civile

Ordonnance n° 00026/2018 du 11 aout 2018 fixant l'organisation, la composition, la compétence et le fonctionnement des juridictions de l'ordre administratif

II. JURISPRUDENCE GABONAISE

A. COUR CONSTITUTIONNELLE

Décision n° 16/CC du 15 novembre 1994 relative à la Loi organique fixant l'organisation, la compétence, la compétence et le fonctionnement de la Cour administrative. *Hebdo informations* n° 301 — 17 septembre 1994

Décision n° 009/96/CC du 03 mai 1996, Loi organique n° 15/96 relative à la décentralisation).

Décision n° 71/CC du 4 avril 1997Cf. *Hebdo informations n° 355*, 12 avril 1997, P 41

Décision n° 91/CC du 29 juillet 2003 Cf. *Hebdo Informationsn° 475*, 13-27 septembre 2003, p170

B. CHAMBRE ADMINISTRATIVE DE LA COUR SUPRÊME

C. A.C.S, 27 novembre 1964, *FAAH*

C. A.C.S, 6 décembre 1973, *Pedoya Menest*, Rép. n° 25

C.AC.S, 6 décembre 1974, *Toungous*, Rép. n° 144.

C. A.C.S, 27 juillet 1979, *ZOLLOBAME*, Rép. n° 123

C. A.C.S, 13 janvier 1984, *MEBIAME*. Rép n° 14

CACS. 8 mai 1987, *Youin Bankoua c/Etat gabonais*, Rép. n° 14

CACS, 30 juin 1987, *Saïd Yasser*, Rép. n° 14

C. COUR ADMINISTRATIVE

CA, 23 juin 2000, *Comptoir Gabonais du Pneumatique (COGAPNEU)*, Répertoire n° 36

CA, 22 janvier 1999, *Personnel Navigant Commercial (P.N.C Air-Gabon) c/État gabonais (ministère du Travail)*, Répertoire n° 3

D. CONSEIL D'ÉTAT

CE, 25 mai 2001, *Société Nationale Immobilière c/État gabonais*, Rép. n° 25

CE, 25 avril 2001, *Boukila Mouélé Maurice c/État gabonais (ministère de la Défense nationale)*, Rép. n° 22

CE, 21 juin 2002 *Alain MBA ONDOc/État gabonais (ministère de la Défense nationale),* Répertoire n° 15

CE, 27 juin 2008, *Fédération gabonaise de Cyclisme (FEGACY) c/État Gabonais*, Rép. n° 23

CE, 28 juillet 2011, *Zacharie MYBOTO (Union Nationale) contre État gabonais (ministère de l'Intérieur)*, Rép. n° 58

CE 29 mars 2013, *Moussavou KIMI Tcheiste c/Étatgabonais*, Rép. n° 49

E. COUR D'APPEL ADMINISTRATIVE DE LIBREVILLE

Cour d'appel administrative, Libreville, 22 avril 2010, *Dame Yolande Assélé Ebinda c/Eugénie Onanga Tchégué*, Répertoire n° 5

Cour d'appel administrative, Libreville, 13 mars 2014, *ROUMENGAS Éric c/MOUNDOUNGA BOULINGUI Dosithé*, Répertoire n° 6

F. TRIBUNAL ADMINISTRATIF DU GABON

T.A 7 février 1962, *INDJENDJET GONDJOUT*

T.A 23 mai 1962, *N'DONGO*, Répertoire n° 6

G. TRIBUNAL ADMINISTRATIF DE LIBREVILLE

TA, Libreville, 25 avril 2007, *Société Garantie Voyage Gabon c/Mairie de Libreville*, inédit

TA, Libreville, 2 décembre 2009, *NGUIMBI AWORET c/État gabonais et Sieur OKEMVELE NKOGHO, inédit*

TA, Libreville, 19 janvier 2011, *Dame NTSAME METO'O Larissa et Sieur NZET Serge Bruno/État gabonais et la Société SOCOFI*, Rép. n° 8

TA, Libreville, 19 juin 2013, *TCHIVOUNDA Jean Pierre c/État gabonais (DGI) et Sieur MEBIAME Léon*, Rép. n° 62

TA, Libreville, 06 juin 2016, *EBONG ONDO Angèle c/État gabonais (ANUTTC) et EDAYONG ONDO*, Répertoire n° 46, 2015-2015

TA, Libreville, 20 mars 2019, *Sieur ONDO NDONG Jean François c/État gabonais (Gouvernorat de l'Estuaire) et Dame NGNINGONE Catherine*, Répertoire n° 101, 2018-2019

III. DOCTRINE

A. OUVRAGES GABONAIS

KWAHOU Sylvestre, *Le contentieux administratif gabonais en 13 leçons*, Paris, Publibook, 2016

PAMBOU TCHIVOUNDA Guillaume, *Les grandes décisions de la jurisprudence administrative du Gabon*, Paris, Éditions A. Pedone, 1994

REMONDO Max, *Le droit administratif gabonais*, Paris, Librairie générale de droit et de jurisprudence, 1987

TSATSABI Ernest, *La justice administrative gabonaise*, Saint Denis, Connaissances et savoirs, 2017

B. OUVRAGES FRANÇAIS

AUBY Jean Marie, DRAGO Roland, *Traité du contentieux administratif*, Paris, L.G.D.J., 1984, 3e éd, T. II

BAILLEUL David, *L'efficacité comparée des recours pour excès de pouvoir et de plein contentieux objectif en droit public français*, Paris, L.G.D.J, 2002

BONICHOT Jean Claude, CASSIA Paul, POUJADE Bernard, *Les grands arrêts du contentieux administratif*, 4e édition, Paris, Dalloz, 2014

CAPITANT Henri, *Vocabulaire juridique*, 12e édition, Paris, P.U.F, 2018

CHAPUS René, *Droit du contentieux administratif*, 13e édition, Paris, Montchrestien, 2008

Droit administratif général, Tome 1, 15e édition, Paris, Montchrestien, 2001

CORNU Gérard, *Vocabulaire juridique*, Paris, P.U.F, 2008

DELVOLVE Pierre, *L'acte administratif*, Paris, Sirey, 1983

FOUGEROUSSE Jean, *Le Contentieux administratif en schémas*, Paris, Ellipses, 2010

LONG Marceau., WEIL Prosper. et aii, *Les grands arrêts de la jurisprudence administrative*, 16e édition, Paris, Dalloz, 2007

LOMBARD Martine, DUMONT Gilles, *Droit administratif*, 7e édition, Paris, Dalloz, 2007

C. ARTICLES ET CONTRIBUTIONS

LALIGANT Michel, « La *notion d'intérêt à agir devant le juge administratif* », R.D.P. 1971 PP 43 à 82, p 48

STIRN Bernard, « *Ordre public et libertés publiques* », Colloque sur l'ordre public organisé par Association française de philosophie du droit, les 17 et 18 décembre 2015. Voir http://www.conseil-etat.fr/content/download/47258/412691/version/1/file/Ordre_public_et_libertes_publiques_17_sept_2015.pdf (consulté le 10 mai 2019)

Table des matières

Structures éditoriales du groupe L'Harmattan

L'Harmattan Italie
Via degli Artisti, 15
10124 Torino
harmattan.italia@gmail.com

L'Harmattan Hongrie
Kossuth l. u. 14-16.
1053 Budapest
harmattan@harmattan.hu

L'Harmattan Sénégal
10 VDN en face Mermoz
BP 45034 Dakar-Fann
senharmattan@gmail.com

L'Harmattan Cameroun
TSINGA/FECAFOOT
BP 11486 Yaoundé
inkoukam@gmail.com

L'Harmattan Burkina Faso
Achille Somé – tengnule@hotmail.fr

L'Harmattan Guinée
Almamya, rue KA 028 OKB Agency
BP 3470 Conakry
harmattanguinee@yahoo.fr

L'Harmattan RDC
185, avenue Nyangwe
Commune de Lingwala – Kinshasa
matangilamusadila@yahoo.fr

L'Harmattan Congo
67, boulevard Denis-Sassou-N'Guesso
BP 2874 Brazzaville
harmattan.congo@yahoo.fr

L'Harmattan Mali
Sirakoro-Meguetana V31
Bamako
syllaka@yahoo.fr

L'Harmattan Togo
Djidjole – Lomé
Maison Amela
face EPP BATOME
ddamela@aol.com

L'Harmattan Côte d'Ivoire
Résidence Karl – Cité des Arts
Abidjan-Cocody
03 BP 1588 Abidjan
espace_harmattan.ci@hotmail.fr

L'Harmattan Algérie
22, rue Moulay-Mohamed
31000 Oran
info2@harmattan-algerie.com

L'Harmattan Maroc
5, rue Ferrane-Kouicha, Talaâ-Elkbira
Chrableyine, Fès-Médine
30000 Fès
harmattan.maroc@gmail.com

Nos librairies en France

Librairie internationale
16, rue des Écoles – 75005 Paris
librairie.internationale@harmattan.fr
01 40 46 79 11
www.librairieharmattan.com

Lib. sciences humaines & histoire
21, rue des Écoles – 75005 paris
librairie.sh@harmattan.fr
01 46 34 13 71
www.librairieharmattansh.com

Librairie l'Espace Harmattan
21 bis, rue des Écoles – 75005 paris
librairie.espace@harmattan.fr
01 43 29 49 42

Lib. Méditerranée & Moyen-Orient
7, rue des Carmes – 75005 Paris
librairie.mediterranee@harmattan.fr
01 43 29 71 15

Librairie Le Lucernaire
53, rue Notre-Dame-des-Champs – 75006 Paris
librairie@lucernaire.fr
01 42 22 67 13

www.ingramcontent.com/pod-product-compliance
Lightning Source LLC
LaVergne TN
LVHW051411061026
849535LV00009B/3479